Bernhard Wagner

Mallorca

Der christliche Reiseführer

benno

Dank
Der Dank gilt allen, die mich beim Entstehen dieses anderen Reiseführers auf den unterschiedlichsten
Ebenen der menschlichen Kommunikation unterstützt haben:
den vielen Mallorquinern, die mir Hinweise zu den Wegen gaben; dem mallorquinischen Tourismus-
seelsorger Professor Joan Bestard Comas, der mir bei seinen Urlaubsvertretungen in Karlsruhe sein
profundes Wissen und Anmerkungen weitergab; dem Spanischen Fremdenverkehrsamt in München,
besonders Paula Barceló, die mir bei der Reise in die entlegensten Winkel auf Mallorca außerordentlich
behilflich war; dem Fremdenverkehrsverband auf Mallorca; den Informationsbüros in Palma, Sóller
und Valldemossa;der deutschsprachigen katholischen Gemeinde auf Mallorca; Maria Bischet vom
Kloster Sant Honorat auf dem Berg Randa; Maria Victoria Alvarez de Sotomayor und Armin Kallenbach
für die Übersetzungen sowie meiner Frau Brigitte, die mich als Beifahrerin sicher durch Höhen und
Täler lotste.
Bernhard Wagner

Bibliografische Information der Deutschen Bibliothek
Die Deutsche Bibliothek verzeichnet diese Publikation in der Deutschen Nationalbibliografie;
detaillierte bibliografische Informationen sind im Internet über http://dnb.ddb.de abrufbar.

Mit äußerster Sorgfalt wurden Daten und Fakten dieses Reiseführers geprüft und recherchiert. Da
insbesondere touristische Informationen häufig Veränderungen unterworfen sind, wird für die
Richtigkeit der Daten keine Gewähr übernommen. Für Hinweise und Verbesserungsvorschläge sind
Redaktion und Autor dankbar.

Bildnachweis:
S. 12: © Theo Heinze – fotolia.com; S. 21: © Gerhard Grenzing; S. 22: © Alex Fleming – fotolia.com; S.
32, 116: © porschelegend – fotolia.com; S. 38: © picture alliance/Bildagentur Huber; S. 42: © Antoni
Sureda, Wikimedia Commons, lizenziert unter GNU-Lizenz für freie Dokumentation (Lizenztext siehe
ANHANG A); S. 46: © JCVStock – fotolia.com; S. 60: © picture alliance/Bildagentur Huber; S. 72: ©
marvellousworld – fotolia.com; S. 94: © Nathalie Gabriel – fotolia.com;
Für alle weiteren Bilder liegen die Rechte beim Autoren © Bernhard Wagner.

Besuchen Sie uns im Internet:
www.st-benno.de

ISBN 978-3-7462-2660-6

© St. Benno-Verlag GmbH, Leipzig
   Stammerstraße 11
   04159 Leipzig

Umschlag: Ulrike Vetter, Leipzig,
unter Verwendung eines Bildes von picture-alliance/ZB © dpa
Gestaltung: Arnold & Domnick, Leipzig
Gesamtherstellung: Arnold & Domnick, Leipzig (A)

Inhalt

Dem Himmel ein Stückchen näher 6

Inselheilige und Selige 8

Mallorquinische Weihnachtstraditionen 10

Südostroute 12

Route der Gärten 22

Nordostroute 32

Südwestroute 38

Westroute 46

Nordwestroute 60

Hauptstadtroute 72

Nordroute 94

Route der Mitte 116

Pilgerinformationen kompakt 156

Mallorquinische Feste 157

Dem Himmel ein Stückchen näher – Reisen ins Innere

Seit Jahrhunderten zieht die Balearen-Insel Mallorca Dichter, Schriftsteller und Maler aus aller Welt in ihren Bann. Und seit 1905 – mit dem offiziellen Beginn des Tourismus – zudem alles, was Rang und Namen hat in Gesellschaft, Wirtschaft und im Medienbereich. Die „Insel der Stille", die „Insel der vielen Gesichter" – eben der „kleine Kontinent" – hat an Faszination und Inspirationskraft nichts verloren. Denn wo sonst gibt es auf so engstem Raum Berge, Wasserfälle, Buchten mit Sandstränden und kristallklarem Wasser, Höhlen, fruchtbare Ebenen und Täler?

Doch neben einer einzigartigen Natur und eigenständigen Kultur besticht die Insel noch durch etwas anderes: Heiligtümer, Ermitas (Einsiedeleien) und über 200 Wegkreuze, die es so nur einmal gibt. Ohne Übertreibung darf von den meist auf Anhöhen liegenden Ermitas gesagt werden: hier ist man dem Himmel ein Stückchen näher! Es sind auch mit die schönsten Aussichtsplätze in luftiger Höhe, andere Paradiese und andere Sonnenplätze unter dem Himmel. Nicht nur die spirituelle Tradition lässt die Pilger erstaunen, sondern auch die Wege, die zu diesen Orten führen. Es gibt wohl kein Land und keine Insel auf der Erde, die eine solche Dichte an christlichen Heiligtümern und Einsiedeleien aufweisen kann, wie Mallorca.

Zu diesen Heiligtümern und Einsiedeleien gesellen sich große Gestalten des Christentums wie die Inselheilige, die „heilige Bäuerin" Santa Catalina de Tomás von Valldemossa, der selige Franziskanermönch Junipero Serra, der San Francisco und Los Angeles gründete, und Ramon Llull, der wohl größte Universalgelehrte des Mittelalters. Das alles bildet einen Kontrast zu anderen Pilgerwegen in Europa.

Die spannende Suche nach Reflexionen hat mich schon vor nahezu 25 Jahren tief im Innern dazu bewogen, Mallorca selbst zu entdecken. Die erste Annäherung mit der Insel bekam ich als Zwölfjähriger, als meine Mutter in mir die Sehnsucht nach dieser

Insel mit einem kleinen Bildband weckte. Eine zweite Annäherung erlebte ich nach Heirat und als Vater von zwei Töchtern bei den vielen Urlauben zur Osterzeit im Hotel Cala Santanyi. Vom sonntäglichen Gottesdienst brachte ich sogar ein mallorquinisches, modernes, geistliches Liedgut für den Kinderchor in meiner Heimatgemeinde mit. Es wurde ein „Renner" – leicht beschwingt und doch andächtig. Und bei den Ausflügen in Alcudia verlief der Rückweg mit dem Auto auf der Straße nach Felanitx. Bei der Weiterfahrt in Richtung Santanyi faszinierte mich von Ferne die Silhouette des Berges von Sant Salvador. „Da möchte ich mal hoch!", sagte ich damals zu meiner Frau. Die dritte Annäherung erfolgte, nachdem die Kinder flügge geworden waren. So unternahmen meine Ehefrau und ich in den letzten Jahren Reisen ins „Innere", und erlebten neben den Ermitas in luftigen Höhen auch die mit EU-Geldern neu gebauten Inselflitzer-Bahnstrecken, die die Pilgerorte verbinden. Dabei habe ich nahezu 1000 Fotos geschossen, mit dem Auto etwa 600 Kilometer zurückgelegt und

sämtliche Verkehrswege (Autobahn, Straßen, Bahnstrecken, Feldwege) benutzt. Rückblickend kann ich sagen: Es war anstrengend, aber einmalig schön.

Vielleicht sagen Sie nach dem Lesen des Reiseführers wie ich einst bei der ersten Begegnung: „Da möchte ich mal hoch!" Die Umsetzung dieses Gedankens wünsche ich den Mallorca-Pilgern.

Bernhard Wagner

Die Top Ten Pilger-Tipps

Auf einen Blick: 10 Pilger-Tipps, um einfach mehr zu entdecken

- Der Künstler Miquel Barceló und die Kathedrale von Mallorca
- Santanyi und die berühmte Jordi-Bosch-Orgel
- La Trapa und der schönste Höhenküsten-Pilgerweg
- Pilgerwandern durch enge Felsschluchten bei Biniaraitx
- Entlang der Pilgerstraße von Palma nach Inca
- Heiligtum Lluc
- Auf Ramon Llulls Spuren in Palma, Miramar und Randa
- Mit Pilgerzügen zu Insel-Seligen
- Betlehem gibt es auch auf Mallorca
- Son Peretó, frühchristliches Zeugnis einer Kirche

Inselheilige und Selige

Wer sich mit der Kultur und den Heiligtümern beschäftigt, kommt an Ramon Llull aus Palma, Santa Catalina de Tomás aus Valldemossa, Junipero Serra aus Petra und Schwester Francinaina Cirer aus Sencelles nicht vorbei. Alle vier haben nicht nur die christliche Religionsgeschichte der Baleareninsel geprägt, sondern zugleich auch durch ihre Taten den Bekanntheitsgrad der Insel enorm gesteigert:

- Santa Catalina de Tomás – einzige Heilige der Insel
- Ramon Llull oder Raimundus Lullus – der große Universalgelehrte des Mittelalters
- Juniperro Serra – Gründer von kalifornischen Weltstädten
- Schwester Francinaina Cirer – durch Papst Johannes Paul II. am 1. Oktober 1989 selig gesprochen

Santa Catalina de Tomás

Hinter dem Pfarrhaus in Valldemossa steht das Haus, in dem am 1. Mai 1531 Catalina Tomás (auch Sa Beata) geboren wurde. Gestorben ist sie 43-jährig am 5. April 1574 (Tuberkulose) in Palma. Als Waisenkind wächst sie bei ihrem Onkel auf dem Landgut in Son Gallard heran. Danach folgen einige Jahre im Dienste der adligen Familie Tagamanent in Palma. Mit 22 Jahren

---

T I P P

Freiburger Raimundus-Lullus-Institut stellt Schriften ins Internet

Das Freiburger Raimundus-Lullus-Institut konnte im Jahre 2007 sein 50-jähriges Bestehen feiern. Seine Hauptaufgabe ist die kritische Edition der lateinischen Werke des Gelehrten. Llull hat etwa 270 Werke in lateinischer oder katalanischer Sprache verfasst. Zusammen mit den etwa 700 Handschriften liefern sie genügend Stoff für Wissenschaftler in aller Welt. Einzigartig ist ein Projekt, das die Freiburger mit Unterstützung durch die Deutsche Forschungsgemeinschaft (DFG) auf die Beine stellen. Sie digitalisieren den Mikrofilmbestand an Llull-Handschriften, um ihn vom Pergament im Internet zu präsentieren und jedem zugänglich zu machen. Die Internet-Adresse: www.theol.uni-freiburg.de.

tritt sie in das Kloster von Santa Magdalena (Augustinerinnen) in Palma ein. Papst Pius XI. spricht sie 1930 heilig. Für den Prozess der Seligsprechung setzte sich Kardinal Antoni Despuig ein. Auf seine Initiative geht auch die Kapelle in der Konventskirche Santa Maria Magdalena in Palma zurück – in demjenigen Kloster also, in dem Catalina Tomàs dem Orden beitrat und wo bis heute ihr unversehrter Leichnam verehrt wird. In Valldemossa ist heute noch das Sprichwort gebräuchlich: „Wirst Du gesund, dann danke der Beata dafür. Stirbst Du, war die Medizin daran schuld!"

Weltgelehrter Ramon Llull oder Raimundus Lullus

Ramón Llull (1232/33?–1316), lateinisch auch Raimundus Lullus, wird als Philosoph, Theologe, Computerpionier und Begründer der katalanischen Sprache gleichermaßen bezeichnet. Die Universalbedingtheit in Llulls Ideen, Gedanken und Schriften, machen ihn für heutige Wissenschaftler und für die nach ihm benannten Institute zu einem interessanten Forschungssubjekt.

Denn Llull verfolgte stets das Ziel einer sinnstiftenden Eintracht unter den Völkern, Kulturen und Religionen in der Welt.

Jedem Mallorca-Pilger sei vor diesem Hintergrund empfohlen, die Stätten seines Wirkens zu besuchen:

- Palma (Kloster La Real)
- Miramar (bei Valldemossa) und
- Randa (Sant Honorat).

Ramón Llull stammt aus einer adligen katalanischen Familie ab. Schon als kleiner Junge lebte er mitten unter den Moslems, denn es waren ja erst wenige Jahre her, als Mallorca durch Jaime I. von den Moslems zurückerobert worden war. Er lebte aufgrund seiner begüterten Eltern ein recht ausschweifendes Leben mit vielen Liebschaften. Ramón heiratete im Jahre 1256 und hatte zwei Kinder. Anlässlich der Eröffnung der Ausstellung „Das Raimundus Lullus-Breviculum" (eine faksimilierte Handschrift von Llull) am 20. Oktober 1988 in der Badischen Landesbibliothek Karlsruhe sagte Wissenschaftler Dr. Gerhard Stamm: *„Während dieser (Anm.: Llull) nun eines Abends eine Kan-*

tilene für eine geliebte Dame verfasst, erscheint ihm fünfmal nacheinander der Gekreuzigte in beeindruckender Leidensgestalt. Durch dieses Erlebnis zutiefst erschüttert, beschließt Raimundus, die Welt zu verlassen und Christus zu dienen."

Er war nicht nur einer der wenigen Weltreisenden seiner Zeit, der an vielen Universitäten Europas (u. a. Paris) lehrte, sondern genauso Pilger. Ramón unternahm Wallfahrten zum Marienort Rocamadour (Quercy) und zum Grab des heiligen Jakobus in Santiago de Compostela. Llull darf mit Recht als einer der Pioniere in der „ökumenischen Theologie" angesehen werden.

Mallorquinische Weihnachtstraditionen

Weihnachten auf Mallorca bedeutet für mitteleuropäische Besucher einiges Vertrautes und viel Neues und Interessantes. Für diejenigen, die im Dezember als Pilger einen Abstecher auf die Insel machen, stehen Traditionen, Kultur und Unterhaltung auf dem Programm.

Weihnachtskrippen

Die Krippendarstellung ist in Spanien ein sehr wichtiger Bestandteil des Weihnachtsfestes („nadal"), in den meisten Familien wird traditionell vor Weihnachten eine eigene Krippe aufgestellt, während der Christbaum erst vor wenigen Jahren „importiert" wurde. In Palma gibt es im Dezember zahlreiche öffentlich ausgestellte Krippen, die den Besuchern Einblick in die mallorquinische Tradition geben – allen voran die riesige Krippe in der Eingangshalle des Rathauses von Palma, die eine ganze Landschaft, sowie viele bestehende und ausgestorbene mallorquinische Handwerksberufe darstellt.

Eine Krippenführung im Konvent der Kapuzinernonnen in Palma wird vom Tourismusinstitut Inestur organisiert. Start ist am Olivenbaum am Rathausplatz von Palma: (www.itineraris.org).

Oblaten als Kunstwerke in den Kirchen

Zum Brauchtum in der Weihnachtszeit gehört, dass die Kirchen mit Oblaten und frischem Obst geschmückt werden. Dabei werden die weißen Mehl-Oblaten als wahre filigrane Kunstwerke hergestellt. Diese weihnachtliche Bastelei nennt man „Neules". Früher waren diese Neules ein beliebtes Naschwerk, das den Kindern am Ende der Weihnachtszeit geschenkt wurde.

Weihnachtszeit und Musik

Im Advent und an den Weihnachtsfeiertagen finden viele Konzerte in Palma statt (aktuelle Veranstaltungen, Zeiten und Termine: www.catedraldemallorca.org).

Heilige Messen

Am Nachmittag des 24. Dezember hält der Bischof von Mallorca eine Messe für deutschsprachige Katholiken und Protestanten in der Kathedrale von Palma. Die offizielle Mitternachtsmesse in der Kathedrale beginnt (voraussichtlich) immer um 23 Uhr mit dem traditionellen *Gesang der Sibilla*.

Mit dem heiligen Sebastian wird die Weihnachtszeit beendet

Das offizielle Ende der Weihnachtszeit in Palma stellt das Fest des Schutzpatrons der Stadt, des heiligen Sebastians dar. Seit 2008 hat die Stadt Palma einen alten Brauch wieder aufleben lassen: Am Tag von Sant Sebastiá (20. Januar) wird *correfocs*, ein Spektakel mit Feuer und Feuerwerk, in den Straßen gefeiert.

Krippenlegende

Mitte des 16. Jahrhunderts soll ein in Seenot geratenes italienisches Schiff die Insel Mallorca sicher erreicht haben. Wegen dieser Rettung versprach der Kapitän, dass er das Heiligtum spenden würde. Und tatsächlich: Das Licht eines Franziskanerklosters in Palma wies dem Schiff den Weg in den Hafen, und die Ordensbrüder erhielten das Kleinod. Die Mönche stifteten die aus Holz im gotischen Stil gefertigte Krippe dann Mitte des 19. Jahrhunderts der Kirche, in der diese Krippe das ganze Jahr über besichtigt werden kann.

Südostroute

Felanitx, Campos, Santanyi

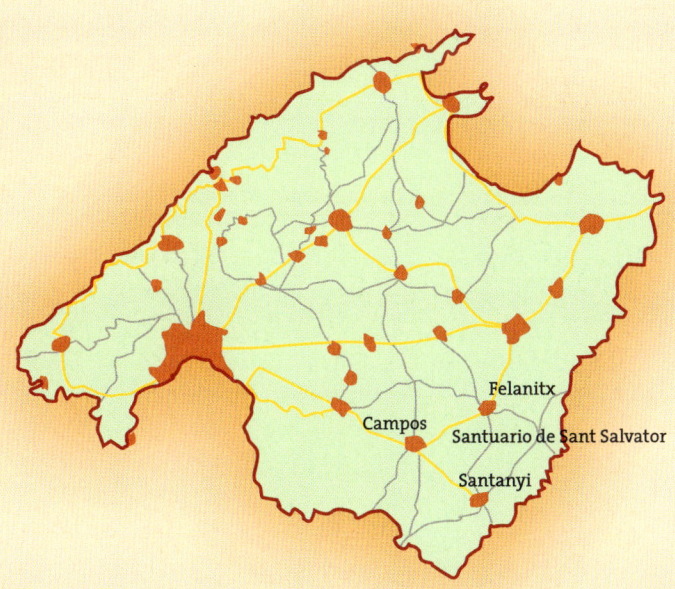

Felanitx

Campos

Santuario de Sant Salvator

Santanyi

Heilige Berge und ein Bethaus zwischen Windmühlen

Im Südosten der Insel befinden sich die bekannten Badeorte wie **Cala Serena** und **Cala d´Or** sowie das pittoreske Hafenstädtchen **Porto Pedro.** Inmitten dieser von Meeresbuchten gerahmten Küstenregion trifft man auch auf zwei Bergheiligtümer, ein Bethaus und die Städte **Felanitx, Campos** und **Santany,** die für den Pilgerreisenden ein „Muss" sind.

Felanitx

Die von den Mauren gegründete Stadt hat heute etwa 17 000 Einwohner (Stand 2007). Empfehlenswert ist bei einem kleinen Rundgang die *Pfarrkirche San Miquel* mit ihrer großzügig angelegten Freitreppe. Als eine der ältesten Kirchen Mallorcas findet die Pfarrkirche schon im Jahr 1248 Erwähnung. Sie ist untergliedert in mehrere Kapellen, die u. a. *San José,* dem heiligen *Stephan* und *Ramon Llull* geweiht sind.

Auf dem Programm sollte auch der kleine Aufstieg zum *Kalvarienberg* (208 Meter hoch) stehen.

Beim schlichten Gotteshaus hat man einen schönen Rundblick über **Felanitx** und die hügelige Berglandschaft.

Sant Salvator

Das Kloster Sant Salvator wurde im Jahr 1348 gegründet, als gerade die schwarze Pest die Region heimsuchte und etwa 900 Bewohner von **Felanitx** dahinraffte. Der damalige König *Don Pedro IV.* von Aragon erlaubte dem Einsiedler *Romeo Burguera,* die Wallfahrtsstätte *Sant Salvator* zu errichten. Daraus ist auch die Größe erklärbar, die die *Ermita* mit kleiner Kapelle, einem Wohnhaus und einem Brunnen einnahm. Da die Kirche dem Pilgerstrom im Laufe der Zeit nicht mehr gewachsen war, entschloss man sich, diese zu vergrößern, was in den Jahren zwischen 1707 und 1734 erfolgte. Ihr Schmuckstück ist die Madonna im Strahlenkranz und der Altar mit figurenreichen Szenen aus dem Leben Jesu. Die letzten Eremiten des Ordens *Sant Pere* und *Sant Pau* haben das Kloster

1992 verlassen. Seither steht das einstige Kloster unter der Leitung von mallorquinischen Familien. Im Frühjahr 2008 wurden die modernisierten Hotelzimmer des Klosters und ein zweites Restaurant eröffnet.

Radfahrer und Christuskreuz

Der Klosterberg ist auch ein beliebtes Ziel von Radfahrern, die sich die steilen Kehren zum Kloster hinaufquälen. In der Eingangshalle können die Gäste einen Blick auf hinter Glas verwahrte Trikots von *Guillem Timoner* werfen. Der Radsportler mit Weltruhm ist in **Felanitx** geboren und hat in seiner Disziplin Steherrennen sechs Weltmeistertitel errungen und mehrere Geschwindigkeitsweltrekorde aufgestellt.

Unweit des Klosters befindet sich das 7 Meter hohe Christus-Denkmal *Cristo Rey*, das 1934 eingeweiht wurde. Die Aussicht von hier aus ist einmalig. Bei klarer Sicht lassen sich der Strand *Es Trenc* mit seinen Dünen und sogar die Silhouette des **Puig de Galatzó** ausmachen.

Tour in Kürze

Wanderung: Vor der Straße, die **Felanitx** mit **Porto Colom** verbindet (PM-401), geht nach etwa zwei Kilometern in Fahrtrichtung der Weg nach rechts ab, der zum Kloster *Sant Salvador* auf dem gleichnamigen Berg **Puig de Sant Salvador** (492 Meter hoch) führt (ausgeschilderte Pilgerstraße). Dort oben angekommen, wird man für den anstrengenden Aufstieg entlohnt: Dem Besucher zu Füßen liegt die ganze Südküste Mallorcas, von der Insel **Cabrera** bis zur Bucht von Alcudia. Im Restaurant des Klosters kann man zu Mittag essen.

Bequemer ist die Tour vom Ortszentrum aus (von der Hauptstraße weg). Für diese Tour sind die Dorfstraßen in östlicher Richtung zu nehmen, die durch den Weiler *Son Suau Vell* führt und direkt auf den Pilgerweg zum Kloster einmündet.

Anforderungen und Zeitbedarf: Etwa vier Stunden (12 Kilometer, hin und zurück);

Gesamter Höhenanstieg: etwa 350 Meter;

Einkehrmöglichkeiten: Im Gasthaus beim Kloster und in Felanitx;

Kartenmaterial: Mallorca Ost-East 1: 40 000 von *Reise Know How;* **Anfahrt:** Felanitx, Zentrum (Auto hier parken).

Castell de Santueri

Das *Castell de Santueri* (408 Meter hoch) liegt südöstlich von **Felanitx.** Wer sich für einen Abstecher entscheidet, sollte dazu die Straße C714 nehmen und dann den als Wanderweg gekennzeichneten Weg benutzen. Das *Castell* ist eine von vier Burgen auf der Mittelmeerinsel, die am besten erhalten sind. Die Burg wurde von den Arabern erbaut und wird später in der römischen Zeit mit dem lateinischen Namen *Castri de Santueri* schon 1229 dokumentiert. 1231 wurde sie vom *König Jaume I.* erobert und später vielfach umgebaut und renoviert.

Campos

Das Landstädtchen hat heute rund 8800 Einwohner (Stand 2008) und ist bekannt für seinen wohlschmeckenden Käse, der in den Restaurants der Hauptstadt und in der südlichen Region zum Essen serviert wird. Mitten in dieser von Windmühlen geprägten

Natur ist die einstige kleine *Ermita de Sant Blai* und **des Banyos** auszumachen.

Ermita de Sant Blai

Mit dem Auto fährt man auf der Straße PM-604 von **Campos** in südlicher Richtung. Nach etwa 2 Kilometern zweigt ein Feldweg, direkt beim *Creu de Sant Blai,* rechts ab. Vorbei an der Finca *Can Porques* (großes Windrad) erreicht man nach etwa 400 Metern die *Ermita.*

Diese kleine *Ermita,* dem heiligen Blasius geweiht, dürfte nach der bisherigen Quellenlage schon in vorchristlicher Zeit bestanden haben. Sie wurde später durch Papst Innozenz IV. als Kirche registriert. Das heute verwaiste Anwesen war einst Wohn- und Wirkstätte einiger Einsiedler. Mit einem Schlüssel (bei der benachbarten Finca) kann das Kirchlein besichtigt werden. Kirchengeschichtlich interessant ist diese *Ermita* deswegen, weil in ihr einst ein echter *Murillo* mit dem Werk *El Santo Cristo de la Paciencia* an der Wand hing. Dieses Bild ist in der *Pfarrkirche San Julian* in **Campos** zu besichtigen.

Ermita des Banyos de Sant Joan

Unmittelbar an den Salzsalinen von **Salobrar** an der Straße PM-604 gelegen, befindet sich das Hotel *Balneario San Juan de la Font Santa,* in das die einstige *Ermita des Banyos de Sant Joan* integriert wurde. Die Mauern und Fassaden des *Oratorio* aus dem 15. Jahrhundert sind hinter dem Kurhotel auszumachen. Das schön gelegene Haus mit einem großen Vorgarten erinnert zugleich an die Thermalquellen, deren mineralhaltiges Wasser schon von den Römern genutzt wurde.

Santanyi

Das kleine Städtchen im Südosten der Insel (etwa 11 000 Einwohner, Stand 2008) besticht durch seine Beschaulichkeit, die trotz zunehmendem Tourismus erhalten geblieben ist. Sehenswert sind der Markt, die *Kirche Sant Andreu* mit ihrem Orgel-Juwel von *Jordi Bosch* und der Strand beim *Hotel Cala Santanyi.* Das Hotel wurde 1961 von *Jaime Vicens Bonet* und *Margot Schluhe de Vicens* gegründet, eines der ersten deutschmallorquinischen Ehepaare, die

Bartolomé Esteban Murillo (1618–1682)

Der spanische Maler des Barocks hat in seiner Zeit neben weltlichen Bildern auch solche mit religiösem Inhalt wie Madonnen und Heilige gemalt. Beispielsweise seien genannt: *Das Christuskind verteilt Brot an die Pilger* (1678); *Hl. Rodriguez* (1646–1655); und *El Santo Cristo de la Paciencia* (Der heilige Christus mit brennender Geduld, um 1640).

Strandblick von Cala Santanyi

Naturfelsbrücke Es Pontas

Hotel mit seinem Strandareal beliebt wegen des Feinsandes und des glasklaren Wassers. Unweit davon erstreckt sich die Naturfelsbrücke *Es Pontas,* direkt oberhalb der Bucht. Nur ein paar Kilometer von **Santanyi** entfernt liegt das Heiligtum *Consolació* auf 200 Metern Höhe.

Pfarrkirche Sant Andreu

In ihren Ursprüngen geht die Kirche auf die Kapelle *Del Roser* aus dem 13. Jahrhundert zurück. Das heutige schlichte Gotteshaus wurde im Jahre 1811 geweiht. Herausragend ist jedoch die alte Orgel, die der spanische Orgelbauer Jordi Bosch erbaute.

hier aus bescheidenen Anfängen heraus ein Hotel in unverbauter Lage am Meer errichteten. Heute leiten deren vier Kinder mit ihren Ehepartnern das Hotel. Vor allem bei Familien mit Kindern ist das

Die Orgel, Orgelbauer Jordi Bosch (1739–1801) und Restaurator Gerhard Grenzing

Nicht nur das Elsass, sondern auch Mallorca zählt zu einem Orgelland erster Güte in Europa. So reicht die Orgeltradition Berichten zufolge bis an den Anfang des 14. Jahrhunderts zurück. Gegenwärtig soll es auf der Insel 125 historische Orgeln, allein in Palma fast 30 Exemplare, geben.

Und in diesem Punkt sind sich die Experten einig: Die zweimanualige Orgel in der *Pfarrkirche von Santanyi* ist einzigartig.

Geschaffen hat sie *Jordi Bosch* schon im Alter von 23 Jahren im Jahre 1762. Hervorzuheben ist die reiche Anzahl von Trompeten, die jeden Winkel der Kirche mit ihrem Klang erfüllen. Auf der Internetseite www.sonusparadisi. cz/organs/santanyi wird sie beschrieben als die „größte noch existierende Mixtur weltweit", die aus 25 Chören und 1104 Pfeifen bestehe. Als Besonderheit unter den Orgeln in Mitteleuropa verfügt sie über zwei Windladen, die dadurch dem Organisten vielfältige Registerkombinationen ermöglichen.

Die Santanyi–Orgel war für *Jordi* zunächst eine Auftragsarbeit für das Dominikanerkloster *Santo Domingo* in **Palma**. Nachdem dieses enteignet wurde, gelangte die Orgel 1837 nach **Santanyi**: „Sie brachten die Orgel mit dem Schiff von Palma in die Bucht Cala Figuera, und von dort wurde sie mit Eselskarren bis zur Kirche transportiert", so wird Pfarrer *Gabriel Rosselló* im Bericht *Die geheimnisvollen Klänge von Santanyi* zitiert.

Da der Platz für die „Königin der Instrumente" in der Kirche nicht ausreichend war, hat man sie nur teilweise wieder aufgebaut. Die wesentlichen und markanten Jordi-Elemente wie die Trompeten kamen deshalb überhaupt nicht zum Einsatz. Infolgedessen verkam das Meisterstück immer mehr. Im Jahre 1932 beklagte ein Organist den Zustand des Instrumentes. Im Jahre 1957 wurde sie schließlich teilweise erneuert. Doch erst nachdem sich der berühmte deutsche Restaurator *Gerhard Grenzing* der Orgel in den Jahren 1984–1986 konsequent annahm, kann heute wieder der großartigen Klangfülle bei Konzerten und CD-Aufnahmen nachgespürt werden.

Pfarrkirche in Santanyi

Die berühmte Organistin *Irmtraud Tarr* ist vom Spiel auf der Orgel immer wieder aufs Neue begeistert. Für ihre CD Mexikanische & spanische Orgelmusik „Bilder einer Orgel, Folge 4" hat sie spanische Musikstücke auf der Santanyi-Orgel eingespielt.

Den Klang der Orgel kann der Pilgerreisende live täglich zwischen 19 und 20.30 Uhr in der *Pfarrkirche von Santanyi* erleben.

Oratorio de la Consolatión

Tour in Kürze

Wanderung: Die Gebetsstätte ist der heiligen Jungfrau geweiht und wurde im 15. Jahrhundert errichtet. Ein schöner Vorhof und ein Altar mit Darstellungen vieler Heiliger machen den Abstecher lohnenswert.

Mallorquinischer Orgelbauer und deutscher Restaurator

Jordi Bosch

Der geniale Hoforgelbauer *Jordi Bosch* wurde 1739 in Palma geboren. Mit 12 Jahren ist er verwaist und kommt zum Onkel in die Lehre, danach zu einem Meisterbauer nach **Granada**. Im Jahre 1762 stellt sich der junge *Bosch* mit seinem Erstlingswerk, der späteren Orgel von **Santanyi**, in der Pfarrkirche von **Binissalem** vor. Drei Jahre später entsteht dann dieses Instrument für das Kloster in **Palma**. *Jordi* schuf außerdem bedeutende Orgeln, u.a. in **Madrid** und **Sevilla**.

Gerhard Grenzing

Genauso wesentlich wie der Bau einer überragenden Orgel ist deren Restaurierung. Und da hat sich der Deutsche *Gerhard Grenzing* einen internationalen Ruf erworben, u.a. *Orgelbauer des Jahres 2006*. Nach der Lehre in Hamburg und verschiedenen Stationen in Österreich und der Schweiz studierte er den Orgelbau in vielen Ländern Europas. Seit 1967 restauriert er auch mallorquinische Orgeln. Bis heute haben Grenzing und sein Team über 100 Orgeln gebaut und restauriert.

Auf der Internetseite gibt es Verweise zu vier CDs, auf der Werke mit der Santanyi-Orgel eingespielt wurden.

Anforderungen und Zeitbedarf:
Leicht; etwa zwei Stunden (vier Kilometer, hin und zurück; mit Pausen); Höhenunterschied: etwa 200 Meter;
Einkehrmöglichkeiten: In **Santanyi**/Picknick beim *Oratorio*;
Kartenmaterial: Mallorca Ost-East 1: 40 000 von *Reise Know How;*

Anfahrt: Etwa vier Kilometer von **Santanyi** in südöstlicher Richtung (Straße C717) nach *Alqueria Blanca* biegt man mit dem Auto bei *Son Pons Vells* links ab und parkt. Von da führt der Pilgerweg gemächlich in die Höhe.

Santanyi, Jordi-Bosch-Orgel

Route der Gärten

Bunyola, Alfabia

Orient   Jardins de Alfabia

Bunyola

Ein Kardinalsgarten, maurischer Garten und Pilgertour zwischen zwei Bahnlinien

Bunyola

Das Städtchen mit 5792 Einwohnern (Stand: 2007) ist als Bahnknotenpunkt für Ausflüge zu den schönsten Gärten auf Mallorca – **Alfàbia** und **Raixa** – bestens geeignet. In der Ortsmitte befindet sich die *Pfarrkirche San Mateo* (um 1230 gegründet), die in ihrer jetzigen Form aus dem Jahre 1756 stammt. In einer Nische am Hauptportal eine Skulptur der heiligen Barbara als Schutzpatronin von *Bunyola* eingearbeitet. In der Seitenkapelle ist das sarkophagähnliche Grab der Familie *Despuig* sehenswert.

Über die Herkunft des Namens **Bunyola** streiten sich die Gelehrten. Manche gehen davon aus, dass der Name aus dem lateinischen *uineola* stammt (bedeutet übertragen etwa *kleines Weingut*). Die Araber könnten dies später in den Namen *buniola* abgewandelt haben. Eine andere Theorie besagt, dass der Name direkt aus dem arabischen *buny*ân stammt.

Jardins de Alfàbia

Rechterhand der Hauptstraße C711 nach **Sóller,** rund 3,5 Kilometer nördlich von **Bunyola** und kurz vor der Einfahrt in den Auto-Tunnel, wartet einer der wohl schönsten Gärten Mallorcas auf einen Besuch: **Alfàbia.** Kurz vor der Auto-Tunneleinfahrt liegt

Bunyola, Pfarrkirche San Mateo

Am Bahnhof von Bunyola

Bunyola, Bahnhofsbetrieb

Still ist es noch an der *Estació* morgens um halb 10 Uhr. Bedienstete der Bahn und der Chef des *Cafès de S´Estació* plaudern, und einige Reisende lesen ihre Lektüre gemütlich bei einem *Cafe con leche* und einem frisch gepressten Sóller-Orangensaft. Gut eine Stunde später kommt Leben am Eisenbahn-Knotenpunkt am Rande der *Sierra de Alfabia* auf. Denn Urlauber wie Pilger finden

sich ein, um den Zug in Küstennähe nach Sóller zu nehmen oder sich auf dem Tagesmarsch nach **Orient** und **Alaró** zu machen. Auch hier ist die Bahn das Fotomotiv Nummer Eins. Und wenn sich dann noch zwei Züge im Bahnhof gegenüberstehen, dann gibt es kein Halten: Es wird gefilmt, gezoomt und „geschossen", was das Zeug hält. Erst nachdem die Züge in ihre Richtungen nach **Palma** und **Sóller** weitergefahren sind, kehrt wieder Ruhe am Bahnhof ein.

Bunyola, Bahnhof

rechts der Straße etwas versteckt hinter dem Restaurant *Ses Porxeres* die Zufahrt zum Parkplatz der *Jardins de Alfàbia*.

Die Alfabia-Gärten gehören zum ehemaligen Landgut eines Mau-

ren, *Ben Abet* genannt. Dieser vorausschauende Wesir hatte den christlichen König *Jaume I.* bei der Rückeroberung Mallorcas von seinen Glaubensbrüdern unterstützt und war dafür mit dem großzügigen Besitz belohnt worden. Maurische Gartenbaukunst verwandelte mit klug angelegten Kanälen das wasserreiche Gebiet in einen wahren Dschungel aus vielerlei Bäumen, exotischen Gewächsen und blühenden Sträuchern. Im zugehörigen Herrenhaus, das überwiegend aus dem 14. und 15. Jh. stammt, sind Antiquitäten und antike Möbel zu sehen. Die Decke im Torbau, gefertigt im maurisch-christlichen Mudéjar-Stil, birgt eine Inschrift, die Allah preist.

Öffnungszeiten: Mo–Fr 9.30 – 18.30 Uhr (Okt.–März nur bis 17 Uhr), Sa 9.30 – 13.00 Uhr.

Alfabia, palmengesäumter Eingangsweg

Als ein Werk der Araber ist die Gartenanlage in viele „Gärten in Gärten" gegliedert – und so letztlich zu einer einmaligen harmonischen Grünanlage vollendet worden. Begünstigt durch den hohen Grundwasserspiegel am Fuß der *Sierra de Alfàbia* ist so eine einmalige Oase entstanden. Verschiedene Baumarten wie die Tanne, Bougainvillea, der Zedernbaum, Storchschnabel, Olivenbaum und Rosskastanienbaum leben hier friedvoll nebeneinander. Hauptelement ist das Wasser, das aus vielen Brunnen und Teichen plätschert und sprudelt. Das reichlich vorhandene klare Element entstammt einer Quelle, die den Garten zu jeder Jahreszeit grünen und blühen lässt. Im Schatten der hohen Palmen und Platanen herrschen selbst

Insider-Tipp für Zug-Fans:
Hier kann man den „Roten Blitz" bei seiner Einfahrt in den Großen Tunnel fotografieren (günstige Zeit: morgens, wenn der Touristenzug sich gegen 10.50 Uhr von Palma auf den Weg ins Gebirge macht; ungefähres Eintreffen bei den Gärten 11.10 Uhr).

TIPP

Kleiner Teich mit Springbrunnen

Wege entdeckt man immer wieder neue Wasserspiele. Eines der Highlights ist zum Beispiel ein Laubengang, an dessen Ende man auf einen kleinen Brunnen blickt. Über einen Schalter kann man aus der Ferne diesen Brunnen sprudeln lassen. Wer etwas vom erfrischenden Wasserspiel auf dem Weg durch den Laubengang abbekommen möchte, der läuft nach dem Einschalten gleich zum Brunnen ...

Wegen der Einmaligkeit der Bäume und Pflanzen, der Topografie der Gärten und des historischen Erbes wurde der Komplex im Jah-

im Hochsommer noch angenehme Temperaturen. Hier in den Gärten scheinen die philosophischen Gedanken der Araber über die Palmen speziell an Gewicht zu gewinnen. Sie sagen nämlich, dass die Palmen nur dort gut zu gedeihen vermögen, wo ihr Fuß im Wasser steht, während ihr Kopf dem Feuer des Himmels ausgesetzt ist. Beides – das trockene Klima und die Feuchtigkeit der Erde – ist hier unter dem Massiv der *Sierra de Alfabia* gegeben. Das Wasser der Quelle kommt aus dem Gebirge und wird seit 1245 genutzt, was ein ausgestelltes Dokument belegt.

Beim Spaziergang durch die Laubengänge und verschlungenen

Teil des Herrenhauses

re 1954 zum *Jardines Històrico-Artisticos* erklärt. Zugleich sind die Palmen so etwas wie ein Symbol geworden und verdeutlichen den Schnittpunkt zwischen Orient und Okzident, welcher auf der Insel so lange vorgeherrscht hat. Die Gärten, ihre Ruhepunkte, die Skulpturen, Innenhöfe und das Haus bilden ein Ensemble, in dem die Natur und mallorquinische Tradition verwoben sind. So befinden sich im Herrenhaus eine wertvolle Bibliothek, zahlreiche Möbel und Gemälde. Im Hausflur und Gang hängen einige Bilder aus dem 18. Jahrhundert, dort befinden sich auch Bänke, an deren Rücklehnen die geschnitzten Wappenschilde von allen Familien, die **Alfabia** besessen haben, zu sehen sind.

Mutter- und Kindschaf halten Siesta

Derzeit befindet sich die Liegenschaft in Privateigentum und wird als Landwirtschaftsbetrieb geführt. Man baut Apfelsinen, Zitronen, Oliven und Johannisbrotbäume an und hält Pferde, Schafe und Schweine.

Gärten von Raixa

Das Landgut *So Raixa,* einst im italienischen Stil des 16. Jahrhunderts errichtet, liegt an der Straße von Palma nach Sóller bei Kilometer 12. Allerdings führte dieser mit einem wunderbaren Garten umgebene Adelspalast einen langen Dornröschenschlaf. Der Grund: Die spanische Hotelkette *Paradores de Espana* wollte das Herrenhaus in einen Hotelbetrieb umbauen. Die Rede war aber auch davon, Raixa zu einem „Forschungszentrum für nachhaltige Entwicklung des Mittelmeerraumes" zu machen. So ist auch nichts aus den Kaufplänen der deutschen Designerin *Jil Sander* geworden, obwohl sie 2002 einen Kaufvertrag für das historische Gebäude unterzeichnet hatte. Allerdings hat die mallorquinische Inselregierung ein Vorkaufsrecht bei denkmalgeschützten Gebäuden, zu denen *So Raixa*

Zitronenlimo in Alfabià

Die Gärten sind immer noch ein Geheimtipp für Mallorca-Residenten und Pilger. Denn auch in der Hauptsaison steuern Touristenbusse diese Idylle nicht in Scharen an. Insofern kann ein jeder hier etwas abschalten, ein Buch lesen und sich eine wunderbare, selbst gemachte Zitronenlimonade an der „Bar" holen und auf einer Bank im Schatten die Ruhe des „Dschun-gel-Wassergartens" genießen. Ja, und dann kann der Besucher seine Gedanken schweifen lassen und sinnieren, wo wohl eine falsche Palme *(Cycas revoluta)* steht. Ein Tipp: Sie ist eine der Nachfolgerinnen einer Gruppe von Pflanzen aus dem Trias, hält Frost aus und hat ihre ursprüngliche Heimat in China, Japan und Formosa.

zählt. Nach neuesten Plänen der Inselregierung soll voraussichtlich im Herbst 2009 das Landgut wieder öffentlich zugänglich gemacht werden.

Die Schönheit wissen nicht nur die Mallorquiner zu schätzen. Schon des Öfteren bildete die geheimnisvolle Atmosphäre die Kulisse für Film- und TV-Produktionen. Hansi Hinterseer erkundete ebenfalls die Insel Mallorca. Natürlich traf er dort alte Freunde wie Katja Ebstein und Rainhard Fendrich, die ihre schönsten Lieder im Gepäck hatten. Persönlich sang Hansi Hinterseer sogar im Zaubergarten von Raixa (Sendung am 20. 7. 2008).

Pilger-Wanderungen

Gärten von Alfabia und Anhöhe bei Bunyola

Es ist ein bequemer Weg, der sich auch für Familien eignet. Allerdings führt das letzte Stück etwa 1,5 Kilometer an der belebten

Service Alfabia

T I P P

Hätten Sie es gewusst? Die alten malerischen Gärten von Alfabia mit ihren Zitronen-, Orangen-, Feigen- und Mandelbäumen gaben einem Porzellan von Hutschenreuther seinen Namen: *Service Alfabia*. Es ist eine Hommage an die Schönheit Mallorcas und an die Leichtigkeit des Südens gleichermaßen.

Straße entlang und ist nur für Personen mit guter Gesundheit geeignet. Man kann aber auch nur die Hälfte des Weges zurücklegen und den völlig gefahrlos zwischen Gehöften, Fincas und von Olivenbäumen umgebenen Weg wählen. Auf geteerten Wegen geht es vorbei an herrschaftlichen Landgütern wie *Can Manuel, Barcelona* und *Villa Francisca* (bunt gekachelter Turm).

Kardinal Despuig brachte italienischen Stil nach Raixa

Über 30 Jahre lang waren die Gärten des Landguts Raixa für Besucher gesperrt. Zur großen Freude aller Gartenarchitektur-Fans ist der Zutritt seit kurzem wieder gestattet. Die Besitzer beabsichtigen sogar, nicht nur die Kapelle und den Garten, sondern auch Teile des Hauses zu öffnen. Haupt-Sehenswürdigkeiten sind die imposante Treppe und der riesige Teich. *Kardinal Antoni Despuig* drückte dem Landhaus im 18. Jahrhundert italienische Züge auf, so wie es der damaligen Mode entsprach. Er prägte damit das heutige Erscheinungsbild des Hauses. Der Garten wurde jedoch bereits von den Mauren angelegt – davon zeugen die wunderschöne Bepflanzung und das faszinierende Bewässerungssystem.

Da die mallorquinischen Gegebenheiten so sind, wie sie sind, muss man ihnen Rechnung tragen und lieber mal öfter fragen, wie es weitergehen könnte. Denn auch die neusten Kartenmaterialien sind nicht auf die Änderungen am Wegesrand eingestellt. Hat ein Holzschild noch vor einigen Monaten die Richtung gewiesen, so kann es auf der Wanderung passieren, dass eben dieses Schild nicht mehr da ist.

Das erging uns auch so, und wir fragten ein einheimisches Ehepaar, wo denn der Weg in die Anhöhe verlaufe. Ein *Hola* und ein *Bon Dia* erleichtert hier allemal die Gesprächigkeit mit den freundlichen Mallorquinern: „Da müssen Sie beim Schild `Barcelona´ einbiegen." Je höher wir die Terrassen emporklimmen, desto besser wird die Aussicht auf **Bunyola** und die Bergwelt.

Bunyola-Alaro/Consell
(Pilger-Tageswanderung oder auch Wanderung zwischen zwei Bahnstrecken)
Diese Tages-Tour sollten nur konditionsstarke Pilger unternehmen.

Tour in Kürze

Wanderung: Vom Ortszentrum in Bunyola führt die Wanderung auf der Straße PM 210 in Richtung **Orient**. Vorbei geht es an der *Finca Can Grau* serpentinenartig aufwärts auf der relativ wenig befahrenen Straße, die sich durch Mischwald schlängelt. Etwa zwei Kilometer nach dem *Finca-Hotel Honor Vell* (links) erreicht man den Sattel **Col d´Honor** (611 Meter hoch). Von da an geht der Weg in das liebliche Hochtal von **Orient** über. Weiter geht es auf der Landstraße durch den Ort bis zum *Hotel l´Hermitage,* wo kurz danach rechts ein Weg (gut erkennbarer Pfad) wieder bergan zum **Puig de Alaró** führt. Zunehmend wird es steiler bis zum Felsmassiv.

Anforderungen und Zeitbedarf: Etwa sieben Stunden (etwa 14 Kilometer);

Höhenanstiege: Bunyola – Coll d´Honor, etwa 400 Meter; von **Orient – Puig de Alaró** ebenfalls etwa 400 Meter;

Einkehrmöglichkeiten: keine; Picknick am **Coll d´Honor** und nach dem *Hotel l´Hermitage* in **Orient** (an der Quelle *Font d´en Tries*) am Einstieg zum **Puig de Alaró;**

Kartenmaterial: Mallorca Tramuntana Central 1:25 000, *Editorial Alpina;*

Anfahrt: Mit dem Pilgerzug von **Palma** nach **Bunyola** (Frühzug gegen acht Uhr nehmen); von Alaró mit dem Bus nach **Palma** oder zu Fuß noch bis zur Bahnstation bei **Consell** laufen (etwa vier Kilometer) und dann per Inselflitzer zurück nach **Palma**.

Es ist ratsam, sich vor der Tagestour über die aktuellen An- und Abfahrten von Bahnen und Bussen in Palma am *Placa de Espanya* zu informieren.

Bunyola, auf dem Pilgerweg nach Orient

Nordostroute

Artà, Bellpuig, San Lorenzo

Arta

San Lorenzo

Maurische Zitadelle, prähistorische Siedlung und Distel-Madonna

Artà

Die Stadt hat rund 6800 Einwohner (Stand 2007) und wird geprägt von einer imposanten Pfarrkirche, Zitadelle und die sich auf einer Anhöhe (180 Meter) befindende Wallfahrtskirche *Sant Salvador*.

Blick von der Stadt auf Pfarrkirche und Sant Salvador

Pfarrkirche

Das Gotteshaus wurde auf den Grundmauern einer maurischen Moschee errichtet und 1248 eingeweiht. Sehenswert sind die Fensterrosette und der Hochaltar.

Sanktuarium Sant Salvador

Arta, auf dem Kalvarienberg

Von der Pfarrkirche führt ein zypressengesäumter Steinstufenweg (180 Stufen) hoch zur *Wallfahrtskirche Sant Salvador*. Das Heiligtum stammt aus dem 13. Jahrhundert und erfuhr in den folgenden Jahrhunderten mehrere Erweiterungsbauten. Einzigartig ist ein Gemälde der Muttergottes, das in einem Schriftstück für das

Großes Tor der Zitadelle

Jahr 1507 nachgewiesen ist. Die in der Kapelle (Kreuzschiff, rechter Flügel) befindliche Schnitzfigur „Christi" aus dem 14. Jahrhundert dürfte die älteste auf der Insel überhaupt sein.

Die Grundrissform des Gotteshauses symbolisiert ein lateinisches Kreuz mit einer schönen Kuppel im Mittelpunkt. Die Kirche befindet sich inmitten der alten Stadtmauern und der einstigen maurischen Zitadelle.

Die Zitadelle

Die *Zitadelle* von *Artà* zählte zu den ehemaligen arabischen Verteidigungsbollwerken von *Santueri*, *Alaró* und *del Rey*. Durch ihre Größe bot sie den Bewohnern des Ortes Zuflucht vor einer möglichen feindlichen Invasion. Zu Zeiten von König *Jaume I.* (13. Jahrhundert) war dieser Verteidigungspunkt eine wichtige Säule im Zentrum der Insel. Im Jahre 1967 wurde durch den Verein *Amigos de los Castillos* (Freunde der Schlösser) die gesamte Festung samt dem Wall restauriert. Dabei wurden u.a. die Mauern und der gesamte Umkreis mit Zinnen ausgestattet, von denen

Blick von der Zitadelle auf Hügelland

der Besucher wunderschöne Ausblicke in alle Himmelsrichtungen genießen kann.

Ermita von Bellpuig

Etwa drei Kilometer südlich von **Artà** (Straße C 715) ließen sich um 1238 Prämonstratenser-Mönche in **Bellpuig** nieder. Sie schufen nicht nur den Namen, sondern auch die von ihrem Ordensvater, dem heiligen *Norbert*, geerbte Gemeinschaft. Die Gebäudestruktur von **Bellpuig** lässt sich heute noch in einigen Bauernhöfen (am gleichnamigen kleinen Höhenzug *Bellpuig*) nachspüren. Die Mönche verließen die Gemeinde von **Artà** im Jahre 1425, um ins Fürstentum Katalonien zurückzukehren.

Im 11. Jahrhundert wurde der Prämonstratenserorden (ursprünglich Wanderprediger) gegründet. Sie gründeten an die 600 Klöster und waren dem kontemplativen Gebet und den Regeln des Augustinus wie des heiligen Bernhard von Clairvaux verpflichtet. Getreu ihren Vorbildern verehrten die Mönche ebenfalls die Gottesmutter. Als sie sich im Gebiet von **Artà** niederließen, war das nicht anders. Die Wanderprediger übernahmen oft auch die Aufgaben eines Pfarrers. Für **Artà** ist nachgewiesen, dass der Bischof von Mallorca dem Prämonstratenser *Ramón de Torrella* erlaubte, diese Pfarrei zu übernehmen. Bezüglich der Marienstatue (Maria auf Thron sitzend und das Jesuskind in den Armen haltend) ist nach offiziellen Verlautbarungen anzunehmen, dass eben diese Marienstatue im Besitz der Pfarrei von **Artà** war. Die anerkannten Historiker *Llorenç Lliteras* und *Antoni Gil* kommen zu dem Schluss, dass das besagte Bild der *Jungfrau* von *Sant Salvador* dasselbe ist, welches sich in der Kapelle des Prämonstratenserklosters **Bellpuig** befand. Als die Mönche die Pfarrei aufgaben und die Insel verließen, brachten sie das Bild zur Wallfahrtskapelle (Einsiedelei) von *Sant Salvador*. Dieses Bildnis bekam im Laufe

Talaiots bei Artà

Die Ureinwohner Mallorcas – die Zyklopen – hinterließen eindrucksvolle Bauwerke (sowohl Wohn- als auch Opfer- und Begräbnisstätten), die aus großen Steinquadern – den Talaiots – bestehen. Solche prähistorischen Überreste lassen sich bei **Artà** entdecken.

Die wohl bekannteste Talaiotsiedlung auf Mallorca befindet sich etwa 2 km südlich von der Stadt an der Kreuzung nach **Son Serra de Marina.** Erreichbar ist sie in einem kurzen Fußweg entlang der alten Bahntrasse. Als *Ses Paisses* bekannt, umfasst die Siedlung einen quadratischen *Talaiot*, den *Cova de sa Nineta*. Dieser *Talaiot* ist das repräsentativste Bauwerk vom Ende der Bronzezeit auf Mallorca. Möglicherweise hat er zu Wachzwecken und zu gemeinschaftlichen Tätigkeiten der Bewohner gedient. In **Artà** kann man das Archäologische Museum besuchen, wo Materialien aus verschiedenen prähistorischen Fundorten der Gegend aufbewahrt werden.

Ses Paisses ist ein Beispiel für talaiotische Siedlungen, die von einem Mauerwall umgeben sind und mehr als tausend Jahre bewohnt waren.

der folgenden Jahrhunderte den Beinamen *Die Jungfrau von Sant Salvador*. Mallorquinische Kunsthistoriker führen in einer von der *Associació Pro-Obres de Sant Salvador* verfassten Schrift über das Heiligtum aus, dass „... wir hier eine sehr alte romanische Holzstatue vor uns haben, mit allen Darstellungsmerkmalen des 12. und 13. Jahrhunderts ... Es handelt sich um eine der ältesten Heiligenfiguren, die auf Mallorca verehrt werden ...“

San Lorenzo

Die Gemeinde hat rund 8100 Einwohner (Stand 2007) und wird mit dem Touristenort *Cala Millor* auch als *Sant Lorenzo des Cardassar* bezeichnet. Sie liegt im Nordosten der Insel, zwischen **Manacor** und **Artá**, und geht auf eine alte Siedlung zurück. Nach der Eroberung wurde sie unter dem Namen *Bellver* bekannt, wonach auch die erste *Pfarrkiche Sant Maria de Bellver* (1248) ihren Namen erhielt. Der Name *Sant Lorenzo* dürfte sogar auf die christlichrömische Zeit zurückzuführen sein, als die ersten Christen ihre Gottesdienste noch geheim ab-

halten mussten. Sehenswert ist die heutige Pfarrkirche *Sant Lorenzo*, deren letzte Innenrestauration im Jahre 1992 erfolgte. In der einschiffigen Kirche mit dem Grundriss einer Basilika befinden sich sechs Seitenkapellen und ein Altarraum. Sehenswert ist die Kapelle mit einer romanischen Marienfigur (Mare de Deu) aus Holz (13. Jahrhundert).

Die Legende von der Distel-Madonna

Die Legende besagt, dass die Madonnenfigur auf einem Distelfeld in *Son Vives* von einem Hirten gefunden wurde, der einen Stein nach ihr warf. Diesen Stein hält das Jesuskind in der rechten Hand. Dieses Marienbildnis wird von den Gläubigen des Dorfes sehr verehrt.

Von dieser kleinen bäuerlichen Madonna *Mare de Deú des Cards* leitete sich der Ortsbeiname *Des Cardassar* ab. In der mallorquinischen Sprache bedeutet nämlich *des Cardassar* so viel wie *bei den Disteln*.

Die Gemeinde bietet heute den Besuchern eine kleine Route (7 Kilometer, leicht) an, die vom Ortszentrum auf Feldwegen u. a. zum Distelfeld von *Son Vives* führt. Dabei eröffnen sich herrliche Ausblicke auf die Hügellandschaft.

Südwestroute

Andratx, La Trapa

Leichte Küstenwanderungen, sanfte Anhöhen und atemberaubender Pilgerhöhenweg

Cova (Höhle) de la Mare de Deu (Portals Vells)

Schon im Mittelalter gab es in der Gegend, die heute den Namen **Portals Vells** trägt, einige Stein- brüche, die dem *Kloster Santa Maria del Carme de Ciutat* gehörten. Aufgrund ihrer Ähnlichkeit mit Portalen wurden diese von der einheimischen Bevölkerung *portals* genannt.

Legende vom Muttergottesbild

Der Legende nach soll im 15. Jahrhundert ein Schiff aus Genua von einem starken Sturm überrascht worden sein. Das Schiff wurde bis nach **Portals Vells** getrieben, wo die Seefahrer in einer Bucht Schutz fanden. Als Dank für die Rettung hinterließen sie ein Bild der Muttergottes in einer der Steinbruch- Höhlen. Noch im gleichen Jahrhundert wurde das Bild der *Mare de Déu de Portals* zu einer Kapelle in **Calvià Vila** gebracht. Der Legende zufolge soll jedoch bei jedem erneuten Versuch, das Bild zu einem anderen Ort zu bringen, dieses auf mysteriöse Weise wieder in die Höhle zurückgelangt sein. So blieb das Bild der Muttergottes dort bis zum Jahre 1866, danach wurde es in eine nahe gelegene Kirche gebracht.

Andratx und die Ermita de son Orlandis

Andratx hat rund 11000 Einwohner (mit **Port d´Andratx;** Stand 2007).

Port d´Andratx, Blick über den Hafen

Nach seiner Eroberung durch *Jaume I., El Conquistador,* wurde der Ort durch Verteidigungstürme befestigt, um ihn vor den Angriffen der Berber zu schützen. Aus jener Zeit stammt die *Son-Mas-Burg* mit einem Turm aus dem 16. Jahrhundert. Die Kirche *Santa María de Andratx* (18. Jahrhundert) lohnt ebenfalls einen Besuch.

Ermita de son Orlandis

Auf dem gleichnamigen Hügel zwischen **Andratx** und **Puerto Andratx** liegt die Einsiedelei *Ermita de son Orlandis*, die *Pfarrer Pere Suasi* 1935 in einer ausgebauten Windmühle errichtete. In dieser im neuromanischen Stil gehaltenen Einsiedelei befinden sich ein Heiligenbild aus dem 18. Jahrhundert und einige valenzianische Fliesen mit religiösen Motiven, die um 1950 von dem Maler *Luís Derqui* gefertigt wurden.

Man erreicht die Einsiedelei problemlos auf einem Weg, der den Berg umrundet und der gekennzeichnet ist durch eine Reihe von Bildern aus dem Leben Jesu.

Tour in Kürze

Wanderung: Von Andratx an der Straße nach Port d´Andratx entlang (MA-19) und nach etwa zwei Kilometern bei der Verzweigung (MA-1022/MA-19) auf den Feldweg zur Finca Son Orlandis einbiegen (ausgeschildert). Von hier aus geht es hoch zur Ermita (Anhöhe: 135 Meter). Wunderschöner Panoramablick über Andratx und die Bucht.

Anforderungen und Zeitbedarf: Etwa 3 Stunden (Hin-und Rückweg), gesamter Höhenanstieg etwa 100 Meter.

Einkehrmöglichkeiten: In Andratx und Port d´Andratx.

Kartenmaterial: Wanderkarte 1:25 000 Mallorca Tramuntana Sud/Sur, von *Editorial Alpina*

Anfahrt: Mit dem Bus oder dem eigenen Auto; Parkmöglichkeiten in **Andratx**.

Klosterruine La Trapa

Die französischen Trappistenmönche waren vor der napoleonischen Kirchenpolitik geflohen, denn schon im Jahre 1811 wurden alle Trappistenklöster im napoleonischen Gebiet geschlossen. Deshalb siedelten sie sich u. a. in

Port d´Andratx mit Blick auf Son Orlandis, Mitte

Russland, England, Deutschland und Spanien an. *La Trapa* soll – so die bisher bekannten Fakten – im Jahre 1810 gegründet worden sein. Etwa 40 Mönche lebten hier 14 Jahre lang am westlichsten Punkt der Insel.

Interessant für den Pilger ist nicht nur die Tatsache, dass sich die Mönche des Ordens hier niederließen. Auch deren architektonisches Erbe ist beeindruckend: Neben Häusern sind noch Reste einer Kapelle, eine Mühle, ein Dreschplatz, Installationen (um Holzkohle zu produzieren) und ein Kalkofen zu sehen. Einzigartig sind die Ackerterrassen – sie zählen zu den schönsten auf der Insel – und das Wassersystem. Hierbei handelt es sich um drei Stollen, die als echte Ingenieursleistung der Mönche von einst angesehen werden können.

Pilgerwege zur Klosterruine „La Trapa"

Es führen zwei alte Pilgerwege nach *La Trapa*:

- auf dem GR 221 und
- von **Sant Elm** aus über die *Finca Can Tomevi*

Empfohlen wird der Weg auf dem GR 221: Anfahrt einfach, mittelschwere Wanderung und keine Kletterpartien.

Die Alternativroute von **Sant Elm** setzt eine genaue Ortskenntnis

La Trapa

Die Trappisten

Der **Orden der Trappisten** geht auf die Gründung der Zisterzienserabtei *La Trappe* in der Normandie durch *Armand-Jean Le Bouthillier de Rancé* zurück. Er trat als Novize in das Mutterhaus von *La Trappe* ein und wurde 1664, im Alter von 38 Jahren, zum Regularabt von *La Trappe* geweiht. Als Verfechter eines streng asketischen Mönchtums machte er von sich reden. Bis zu seinem Tod am 27. Oktober 1700 lebte und kämpfte *de Rancé* für die konsequente Befolgung der Regel des hl. Benedikt und für die ursprünglichen Lebensformen von Cîteaux. Im Volksmund nennen sich die Mönche bis heute **Trappisten**, in Erinnerung an das Kloster *La Trappe*, in dem alles begann.

Als *de Rancé* starb, lebten in *La Trappe* etwa 90 Mönche. Zudem gab es fünf weitere Abteien und einen Frauenkonvent, in denen die Regeln von *de Rancé* befolgt wurden. 1847 teilt *Papst Pius IX.* die Reformierten Zisterzienser in zwei Kongregationen auf: eine folgte den Regeln *de Rancé* und die andere den Grundsätzen *de Lestranges.* 1892 führte *Papst Leo XIII.* beide Kongregationen in einen gemeinsamen Orden zusammen, dem **Orden der Reformierten Zisterzienser.** Seit 1903 lautet die offizielle Bezeichnung **Orden der Zisterzienser von der strengen Observanz** (OCSO für lateinisch *Ordo Cisterciensis Strictioris Observantiae*). In den frühen achtziger Jahren des 20. Jahrhunderts gab es weltweit über 60 Trappistenklöster mit etwa 3000 Mönchen und Nonnen.

Die **Trappisten** stehen als Reformzweig ganz in der Tradition der Zisterzienser. Im Zuge der vom Zweiten Vatikanischen Konzil angeregten Rückbesinnung der Orden auf ihre Ursprünge wurde dies in der Erklärung über das Zisterzienserleben des Generalkapitels von 1969 betont. Der Orden nahm von den zeitbedingten übermäßig strengen Bräuchen, wie diese *de Rancé* und *de Lestrange* übten, Abstand und machte es sich in der *Erklärung über das Zisterzienserleben* zur Aufgabe, „die Überlieferungen, die unsere Väter uns überlassen haben, für unsere Zeit neu zu interpretieren".

Weitere Informationen über den Orden:

www.kloster-mariawald.de.

La Trapa, im Werk des Erzherzogs über die Balearen, 1897

und bessere Kondition voraus; die Orientierung erfolgt an Hinweispfeilen, Steinmännchen, Steinpyramiden, die den relativ steilen Weg markieren.

Pilgerroute von Coll de sa Gramola nach La Trapa (GR 221)

Tour in Kürze

Wanderung: Schöner Pilger-Küstenwanderweg mit Aussichten über die Nordküste und die *Dracheninsel Sa Dragonera.* Aussichtsstelle beim *Mirador d´en Josep Sastre* am **Kap Punta Fabioler.**

Wegweiser: Farbmarkierungen und Steinmännchen

Anforderungen und Zeitbedarf: etwa 4 Stunden (hin und zurück), 10 Kilometer

Einkehrmöglichkeiten: keine; Picknickempfehlung bei *La Trapa.* Verpflegung und ausreichende Flüssigkeitsmengen mitnehmen.

Kartenmaterial: Wanderkarte 1:25 000 *Mallorca Tramuntana Sud/Sur,* von *Editorial Alpina*

Anfahrt: Mit dem Bus oder dem eigenen Auto; Parkmöglichkeiten beim Parkplatz *Coll de sa Gramola.*

Besonderheit: Die Pilgerwanderung nach *La Trapa* ist Teil der

Trockenmauerrouten, die sich durch das ganze *Tramuntana- Gebirge* hinziehen.

Tipp: Wer sich mit dem Bus zum Ausgangspunkt *(Parkplatz Coll de sa Gramola)* fahren lässt – Fahrer hält am Parkplatz – möge bitte vorher den Wunsch in *Andratx* anmelden.

Trockenmauern

Die Landwirtschaft auf Mallorca stand immer schon im engen Zusammenhang mit der Trockenmauerei, also Steinmauern, die ohne Bindemittel gebaut wurden (so genannte *pedra en sec*). Die Kunst der Trockenmauerbauten ist historisch schon für das 13. und 14. Jahrhundert belegt, wobei deren Blütezeit in späteren Jahrhunderten datiert ist. Die Ausdehnung der landwirtschaftlichen Nutzung des Landes und damit auch der Trockenmauerbauten fand bis ins 20. Jahrhundert hinein statt. Besonders erwähnenswerte Bauten dieser Art sind: Trockenmauereinfriedungen, Häuser und Ställe, Stützmauern, Bewässerungsbauten, Wege, präindustrielle Konstruktionen für den Bergbau und für die Forstwirtschaft (Holzkohleerzeugung, Kalkabbau, Jagd usw.).

Trockenmauerbauten gibt es überall auf Mallorca. Vermehrt sind sie im Süden und Osten der Insel mit zwei flachen Gebieten anzutreffen. Hier gibt es vor allem Trockenmauern, Hütten und Bauten zur Wasserregelung. Im Tramuntana-Gebirge hingegen sind es vermehrt Stützwälle für die Felder, ein ganzes Netzwerk von Trockenmauerwegen und Bauten zur Wasserregulierung.

Westroute

Valldemossa

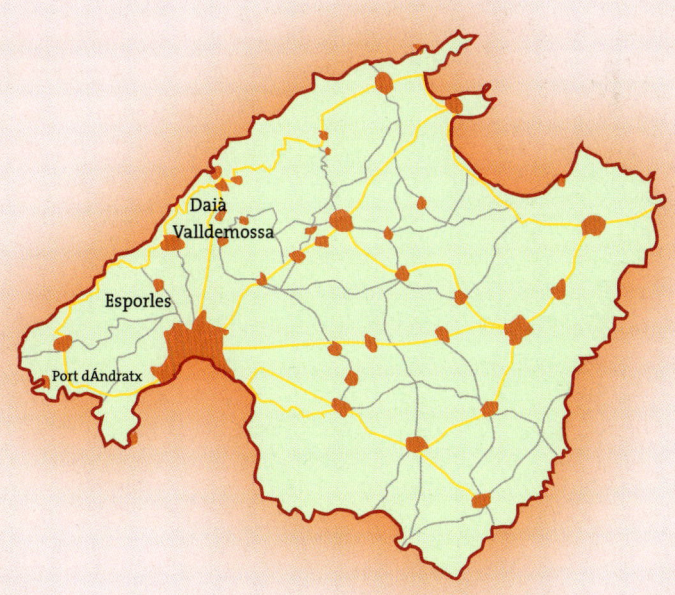

Daià
Valldemossa

Esporles

Port dÁndratx

Weltberühmte Kartause —
Auf den Spuren von Ramón Llull

Esporles und La Granja

Das lang gestreckte Dorf **Esporles**, etwa 15 Kilometer westlich von **Palma** gelegen, hat 4600 Einwohner (Stand 2007). Mit seinen Cafés und Kunsthandwerksgeschäften fügt es sich hübsch am Fuß des Gebirges ein.

Nach einigen Straßenkurven kommt nach gut zwei Kilometern in westlicher Richtung das Landgut *La Granja – Bauernhof* in Sicht, ein ehemaliges Kloster der Zisterzienserinnen aus dem 12. Jahrhundert. Der einstige Weiler *Alpich* und die dazugehörige Felsenquelle ermöglichten bereits vor Jahrhunderten die Ansiedlung kleiner Höfe.

Im Jahr 1229 siedelte sich der *Graf Nuño Sans* an diesem Flecken an und schenkte 10 Jahre später den Ort **La Granja** dem Zisterzienserorden, der hier das erste Kloster auf der Insel aufbaute. Über 200 Jahre lang bewirtschafteten die Mönche das Gut, bevor sie nach Palma in das Bernhardinerkloster umsiedelten. Die Mönche verkauften **La Granja** an *Mateo Vida,* dessen Familie dort 200 Jahre lang leb-

te. Danach ging das Gut an die Familie *Fortuny* über. Der jetzige Eigentümer, *Crisóbal Seguí Colom,* restaurierte das Gut mit seiner Familie ab 1968 und erwarb es schließlich in den 1980er Jahren. Das Gut wurde zum Freilichtmuseum ausgebaut und bietet Einblick in das frühere Ordensleben. Zweimal wöchentlich werden alte Handwerke und Volkstänze für Touristen vorgeführt.

Pilgertour von Esporles zur Ermita de Maristella

Tour in Kürze

Wanderung: Schöner Pilger-Wanderweg mit Aussichten über die Stadt und die ringsum liegenden Hügel. Von *Esporles* (Stadtmitte) über die *Finca Son Ferrá* (Eisentor mit Schild *Ermita* beachten) zum *Cor de Jesús* (Pfeil zur Christusstatue) und weiter zur *Ermita.* Die Einsiedelei wurde 1888 erbaut und weist in ihrem Namen (*maris stella* – Seestern) auf *Nuestra Señora del Carmen,* Schutzherrin der Fischer und Seeleute hin.

Anforderungen und Zeitbedarf: Etwa 4 Stunden (hin und zurück), 8 Kilometer, gesamter Höhenanstieg etwa 350 Meter.

Einkehrmöglichkeiten: Esporles, Picknick bei der Ermita

Kartenmaterial: *Wanderkarte 1:25 000 Mallorca Tramuntana Sud/Sur, Editorial Alpina*

Anfahrt: *Mit dem Bus oder dem eigenen Auto; Parkmöglichkeiten in Esporles (San Pere).*

Valldemossa

Nach der Kathedrale von **Palma** ist die Kartause im Bergdorf von **Valldemossa** (etwa 2 000 Einwohner, Stand 2007) das am zweithäufigsten besuchte Bauwerk der Insel. Zwar drängt sich alles um die Zellen, in denen Frédéric Chopin und Georges Sand jenen unglücklichen Winter verbracht haben sollen, doch bietet das Kloster auch andere Sehenswürdigkeiten.

Das Kartäuserkloster

Das Kloster wurde gegen Ende des 14. Jahrhunderts gegründet und bestand bis zur Säkularisierung im Jahre 1835. Die Kirche wurde 1751 erbaut und enthält in den Gewölben Fresken von *Francisco Bayeu, einem Schwager Francisco de Goyas. Weltweiten Bekanntheitsgrad erlangte die Kartause durch die Schriftstellerin George Sand und den Musiker Frédéric Chopin, die den Winter 1838/39*

Valldemossa, San Bartolome

Valldemossa, Die Kartause, Gesamtansicht

Die Kartause in Literatur und Film

Die weltberühmte Kartause nimmt in Literatur, Musik, ja sogar im Film wegen ihrer Ausstrahlung bis heute einen gebührenden Platz ein.

Wohl sicher etwas Besonderes sind die Verfilmungen des Romans „Ein Winter auf Mallorca" von Georges Sand. Nicht nur, weil darin die triste Zeit von Frédéric Chopin und George Sand in **Valldemossa** vorüber zieht, sondern weil die Kartause zu den wichtigen Schauplätzen des Romans zählt.

Aus der Vielzahl der unterschiedlichen Bereiche seien nur einige markante Werke genannt:

Rubén Dario (1867–1916), Schriftsteller aus Nicaragua

Neben seinen Werken der spanischen Poesie entstand im Jahre 1914 sein berühmtes Gedicht über La Cartuja von Valldemossa. Ein Auszug:

„Dieses uralte Kloster hat die schweigenden Söhne des Heiligen Bruno gesehen, die – ausgemergelt vom vielen Fasten und blass vom Beten, in der Hand das Gebetbuch und das Kruzifix – in der Einsamkeit ihres Daseins, hingegeben ihrem heiligen Eifer und dem mystisch blauen Fluge des Gebetes, zu Gott kamen auf der Suche nach Trost ..."

Miguel de Unamuno (1864–1936)

Auch den spanischen Dichter Miguel de Unamuno hat die Kartause inspiriert. Nicht zuletzt deswegen, weil er wahrscheinlich bei seinem Aufenthalt in Valldemossa in derselben Zelle wie Chopin und Sand logiert hatte.

Filme

Ein Winter auf Mallorca (Deutschland, 1982) mit *Eleonore Weisgerber*;
Verliebt in Chopin (USA, 1991) mit *Judy Davis, Hugh Grant und Mandy Patinkin*

Literarisch-musikalische Abende

Auf reges Interesse stoßen immer wieder literarisch-musikalische Abende an europäischen Theatern (u.a. Ingolstadt, Landestheater Niederösterreich), bei denen der Weg des Paares in der Kartause von Valldemossa nachgezeichnet wird.

Büste von Frédéric Chopin

dort verbrachten. Heute sind in den Klostermauern das Städtische Museum und das Fremdenverkehrsbüro untergebracht.

Klosterkirche

Sie wurde in den Jahren um 1738 nach den Plänen des Architekten *Mezquida* gebaut. Sehenswert ist der Hauptaltar mit dem **Retabel der Schmerzensmutter**, ein Werk des katalanischen Bildhauers *Adrian Ferran*. Von diesem stammen auch die Darstellung der heiligen Catalina Tomas sowie die Christusfigur. Bemerkenswert am Altar sind die Darstellungen der Heiligen *Bruno* und *Johannes*, Schnitzarbeiten des einheimischen *Künstlers Llinas*. Sehenswert sind Gemälde des Bruders *Juncosa*, ein Fries von *Miquel de Petra* sowie der Stuhl des Priors.

Apotheke

Die Apotheke gehörte früher zum Kloster und zählt zu den ältesten Teilen des Gebäudekomplexes. Der Besucher kann viele wertvolle Keramiken, die zum Teil noch die alten Medikamente enthalten, und eine interessante Sammlung von Glasgefäßen mallorquini-

scher Herkunft (17. Jahrhundert) besichtigen.

Zelle des Abtes

In der größten und besterhaltenen Klause lebte der Abt des Klosters. Heute sind hier eine bemerkenswerte Sammlung von Keramiken und Gemälden sowie wertvolle Dokumente aus der Geschichte des Klosters zu bewundern. An der Wand befindet sich u. a. ein gotisches Triptychon aus Elfenbein.

Zelle von George Sand

In der *Celda 2* wird täglich das Klavier von Chopin bestaunt. Umge-

Valldemossa, Alte Apotheke

ben ist es von Möbeln und Gemälden, die einst zum Inventar der alten Kartause gehörten. Hier bewahrt man auch das Manuskript des Buches *Ein Winter auf Mallorca* auf, das ursprünglich für so viel Entrüstung sorgte. Die Seiten werden von den Nachfahren gehütet, ebenso die 114 Zeichnungen, die der Sohn Maurice zurückließ.

Zelle von Frederic Chopin

In der *Celda 4* befindet sich das – so versichern die Besitzer – Klavier *Pleyel*, das Chopin eigens von Paris nach Mallorca kommen ließ; daneben wertvolles Inventar und zahlreiche handgeschriebene Manuskripte und Briefe Chopins.

Chopins Klavier

Primera Sala

Im Ersten Saal ist als Glanzstück die wohl älteste noch intakte Druckerei der Welt, die *Imprenta Guasp*, zu bewundern. Sie wurde 1579 von der Familie *Guasp* gegründet und blieb über 380 Jahre – also bis 1959 – in Familienbesitz. Die alte Druckerpresse arbeitet noch nach dem von Gutenberg entwickelten Prinzip. Der Saal enthält ferner eine reiche Sammlung von Druckstöcken, die in der Zeit von knapp 400 Jahren von den Angehörigen der Druckerfamilie geschaffen wurden.

Segunda Sala

Man könnte diesen Saal gewiss auch den *Erzherzog-Saal* nennen. Denn von *Ludwig Salvator* befindet sich hier eine höchst wertvolle Sammlung mit Handschriften, Büchern, Zeichnungen und vielen anderen Gegenständen aus seinem Aufenthalt auf der Insel. Ferner existiert eine Sammlung mit Werken einheimischer Maler (14. bis 18 Jahrhundert) sowie ein Schreiben des mallorquinischen Missionars *Junipero Serra* aus **Petra** und weitere Dokumente. Bei einem Pilgerrundgang sollte die Pfarrkirche *San Bartolome* und das Geburtshaus der heiligen *Catalina* im unteren Teil des Ortes besichtigt werden.

Pfarrkirche San Bartolome

Die Kirche existiert seit dem Jahr 1245 und wurde im 15. Jahrhundert im gotischen Stil samt quadratischem Glockenturm umgebaut. Mehrfach wurde das Gotteshaus bis 1718 verändert. Im Inneren befinden sich zahlreiche Bilder mit Darstellungen aus dem Leben der heiligen *Catalina Tomas*. In der 1810 vollendeten Kapelle der Inselheiligen *Catalina Tomas* gibt

Valldemossa, die Kirche in der Kartause

es drei Altäre mit der Statue der Heiligen und Bildern des heiligen Bruno und des Abtes Antonius.

Geburtshaus der Catalina

Das Haus befindet sich in unmittelbarer Nähe der Kirche in der Calle de la Rectoria. Es stammt aus dem Jahr 1533 und wurde um 1792 in ein kleines Gebetshaus umgewandelt, das einen bescheidenen Altar mit Statue enthält.

Öffnungszeiten: Das ganze Jahr über täglich ab 10 Uhr morgens geöffnet. Die Schließungszeiten schwanken je nach Monat zwischen 15 und 17.30 Uhr.

Serviceleistungen: Allgemein: 8,50 €. Sonderpreis: 7,50 € (für Gruppen von mindestens 5 Personen). 4 € (Studenten). Eintritt frei für Kinder unter 10 Jahren.

Valldemossa, Kachel mit Motiv der heiligen Catalina

Valldemossa und das Kulturzentrum Costa Nord

Der amerikanische Schauspieler Michael Douglas kennt Mallorca seit den 8oer Jahren und besitzt in **Valldemossa** das Landgut **S'Estaca**, eines der Güter des österreichischen Erzherzogs Ludwig Salvator. Im gleichen Ort hat Douglas 1999 die Kulturstiftung Costa Nord ins Leben gerufen, die inzwischen als Umweltstiftung für 4,2 Millionen Euro in den Besitz der Landesregierung übergegangen ist. Das Kulturzentrum veranstaltet alljährlich hochrangige Konzerte und Ausstellungen. Ziel des Zentrums ist es, den Besuchern die mallorquinische Vielfalt des reichen Kulturerbes zu vermitteln.

Valldemossa, Zentrum Costa Nord

Empfohlen sei dem Pilger, das Zentrum zu besichtigen und sich im Auditorium den Film von 15 Minuten Dauer über die *Costa Nord* anzusehen. Mit Blitz, Donner und einem unbändigen Getöse der Urgewalt *Wasser* wird der Interessierte mitgenommen auf eine Reise durch die Geschichte Mallorcas. Michael Douglas tritt in diesem Film als Gastgeber und Erzähler auf. Er heißt die Besucher willkommen und begleitet sie auf einer kurzen Reise durch die Geschichte der Insel: Die Ankunft der Phönizier, die römische Kolonisierung, das islamische Erbe, die christliche Eroberung und die Piraterie auf dem Mittelmeer.

„Es gibt auf Mallorca keinen anderen Ort, der mit der Nordküste vergleichbar wäre", versichert Michael Douglas, während die Zuschauer Bilder von **Valldemossa** und **Deiá**, dem **Sóllertal**, dem beeindruckenden **Gießbach von Pareis,** der steil aus der **Serra de Tramuntana** herabstürzt, dem *Kloster Lluc* oder dem Castell del Rei zu sehen bekommen. Michael Douglas erinnert an verschiedene berühmte Reisende, die die Insel besuchten und sich hier niederließen, wie z. B. die Schriftstellerin *George Sand,* der Musiker

Frédéric Chopin, der Dichter *Robert Graves* und die Schauspielerin *Ava Gardner.* Vor allem jedoch erinnert er an *Ludwig Salvator,* Erzherzog von Habsburg, Lothringen und Bourbon, und seine besondere Beziehung, die diesen über vierzig Jahre hinweg mit Bewohnern der Insel verband, seine anthropologischen und naturwissenschaftlichen Studien und seine Liebschaft mit der jungen Mallorquinerin Catalina Homar. Schließlich lädt der Erzähler die Besucher in einen Saal ein, in dem der Innenraum der *Nixe,* der Yacht des Erzherzogs, nachgebildet ist.

Man nimmt Platz wie in einem Theater, wobei die Sitzplätze die Stufen, den Innenraum der Nixe, darstellen. Das audiovisuelle Spektakel präsentiert auf einer Ebene drei Bereiche, in denen der Erzherzog seine Zeit verbrachte: den Salon, das Arbeitszimmer und sein Schlafzimmer. Die in Deutsch gehaltenen Erläuterungen erzählen von den Begegnungen auf dem Schiff, den Studien und seltenem Gefieder, das Ludwig auf seinen Reisen in sein Arbeitszimmer mitnahm, und weisen auf das Schlafgemach hin, wo erotische, aber auch melancholische Begegnungen seinen Lebensweg kreuzten. Mit der geliebten Nixe bereiste der Erzherzog jahrzehntelang das Mittelmeer, meist in Begleitung einer Entourage (Gefolge) von etwa 20 Personen, des weiteren Hunde, Katzen, Vögel, Affen und allerlei anderem Getier, so dass Zeitgenossen das Schiff als Arche Noah bezeichneten.

Ermita de la Trinitat

Tour in Kürze

Anfahrt mit dem Auto: Von der Straße aus **Valldemossa** (PM-111) auf die Küstenstraße C-710 einmünden und in Richtung **Deià** etwa einen Kilometer fahren. Beim Restaurant *Can Costa* rechts in den Feldweg abbiegen und das Auto hinter der Kirche parken.

Insider-Tipp:
Am Eingang zum Zentrum steht ein wichtiges Relikt: Nämlich eine *Nuria,* ein Wasserschöpfrad, wie es die Bauern in früheren Jahrhunderten einst auf Mallorca einsetzten.

T I P P

An Wochenenden und Feiertagen sind die Parkmöglichkeiten knapp bemessen, deshalb sollte das Auto – wenn möglich – auf dem Platz beim Restaurant geparkt werden. Die *Ermita* ist ein Ort der meditativen Ruhe und Besinnung, der damals wie heute noch von Mönchen bewohnt wird. Die Einsiedelei zählt zu den großen religiösen Stätten des Ortes **Valldemossa**.

Anforderungen und Zeitbedarf: Etwa 2,5 Stunden (hin und zurück), 8 Kilometer, kaum nennenswerte Steigung.

Einkehrmöglichkeiten: Keine; nur beim Restaurant *Can Costa*.

Kartenmaterial: Wanderkarte 1:25 000 „Mallorca Tramuntana Central", von Editorial Alpina.

Anfahrt: Mit dem Bus oder dem eigenen Auto; Parkmöglichkeiten hinter der Kirche.

Besonderheiten: Wer sich fit genug fühlt, kann auch von der Ermita einen Rundweg gehen, der zur alten Einsiedelei *(ses Ermites Velles)* führt. Danach geht der Weg weiter und der Pilger kommt zum *Mirador des Tudons* (Aussichtsplatz des Erzherzogs) und läuft dann den Weg wieder zum Ausgangspunkt zurück.

Empfohlen sei auch der kleine Abstecher zum Hotel *Ca Mado Pilla* **(Anmerkung:** Der Name ist angelehnt an das ursprüngliche Gästehaus – *Hospederia Ca Madó Pilla* –, in dem der Erzherzog den Reisenden für einige Tage freie Logis gewährte), von dem sich nur in etwa 100 Metern entfernt die *Kapelle des heiligen Ramon Llull* befindet. Von hier führt ein Wegstück zurück zur Küstenstraße, an ihr etwa 100 Meter in Richtung *Sóller* weiterlaufen (andere Straßenseite benutzen) und die Höhle von *Llull (Cova del Beat Ramon)* besichtigen. Für diese besonderen Abzweigungen sollten gut 3 Stunden eingeplant werden.

Geschichte von La Trinitat

Der Bau dieser Einsiedelei wurde gegen Mitte des 17. Jahrhunderts begonnen. Der alte Brauch, dass die Besucher eine Spende hinterlassen und die Einsiedler dafür den Besucher mit einem Beutel eingelegter Oliven und Kapern beschenken, wird bis heute gepflegt. Im Inneren der Einsiedelei ist das Haupt-Altarbild mit der Darstellung der *Inmaculada Concepción*, eingerahmt von *San Pablo (heiliger Paulus)* und *San Antonio (heiliger Antonius)*, hervorzuheben.

David Guerrero Sánchez beschreibt in seinem Führer über **Valldemossa** die Einsiedelei, die schon Mitte des 16. Jahrhunderts zwei Mönche beherbergte: „*...Die Einsiedlermönche von Sankt Paul und Sankt Anton, eine rein mallorquinische Ordensgemeinschaft. Halb Laienbrüder, halb Bauern. Der kleine Garten gibt ihnen genügend zum Leben – sie benötigen so wenig...! – und es bleibt ihnen sogar übrig, um zu geben. Pilger, wenn Du bis dorthin kommst, wirst du immer ein Stück Brot, ein wenig Öl und eine Hand voll schwarzer verrunzelter Oliven, büßende Oliven, wie ihre Nachbarn, die sie mit Liebe kultivieren, vorfinden. Sowie den Himmel zum Schauen. Das Meer zum Betrachten. Luft zum Atmen. Ruhe zum Denken, Frömmigkeit zum Beten. Denn die Landschaft lädt ein. Und der Wind antwortet langsam, die Nadeln der Pinien streichelnd ...*"

Der Autor geht auch auf eine Episode des mallorquinischen Malers *Bartolomé Ferrá* ein, der sich mit Staffelei, Pinsel und Palette hier oben dem Malen von Sonnenaufgängen widmete: „*... die Sonne, die die Wälder aufweckt und die Quel-*

len sprudeln lässt, die in ihnen ruhen. Gut im Voraus berechnet hatte er die Morgenstunden und auch die Abendstunden. Die bronzene Glocke der Einsiedelei ertönte pünktlich, über die Wolken der Luft galoppierend."

Ferrá – Maler der Morgendämmerung – hat viele Sonnenaufgänge gesehen, die er aus dem Fenster der Trinitat-Einsiedelei erblickte. Er malte die Berge, die Einsiedelei, die Sonnenuntergänge, die Morgendämmerungen, den Hafen, den Schnee. Für *Sánchez* ist er der Maler, der mit seinem Pinsel jeden Tonunterschied festzuhalten vermag, das kleinste Detail, das die Inspiration spiegelt. Worauf er sich verlassen konnte, war die Glocke der Einsiedelei. Sie inspirierte ihn so, dass er einst darüber schrieb: „*Vier mal täglich ertönt die einfache Glocke. Zur jungfräulichen Stunde des Tagesanbruches, am Mittage – wenn im Horizont sich das Blau des Meeres mit dem des Himmels verbindet –, bei Sonnenuntergang, in der ihre Stimme Ewigkeitsklänge von der Größe des unendlichen Meereszwielichts annehmen und in der Mitternachtsschneide, wenn die*

schleierhaften Schatten den fins-
teren Eichenwald bevölkern."

Miramar, Llulls erste Sprachenschule

Miramar ist nach **Palma** der zweite Ort, an dem sich der Pilger auf
Spurensuche des Universalgelehrten *Llull* begeben kann. Unweit
der Einsiedelei wird **Miramar** in
alten Überlieferungen als male-
rischer Ort beschrieben: *„Ein Berg
voller Pfade, Quellen, Wanderwege
und Gärten; ein Berg bevölkert von
einem dichten Wald, der durch
sehr hohe Abgründe vom Meer*

Bei Miramar

getrennt ist." Unamuno beschreibt
die Naturmusik, die dort im Sommer vernehmbar ist: *„...die Grillen,
berauscht von der Sonne, erschüt-
tern den Himmel und die Erde mit
ihren Zirpen, den verträumten
Mittagsschlaf des Meeres unter-
brechend."*

Kein anderer als der österreichische *Erzherzog Ludwig Salvator*
und zugleich erster Naturschüt-
zer Mallorcas, hat diese Gegend
und ihren historischen Bezug
so trefflich beschrieben wie er.
In seinem großen Werk über
die Balearen schreibt er: *„Bevor
wir Miramar selbst schildern, sei
ein kurzer historischer Rückblick
eingeschaltet. Gegen Ende des
Jahres 1276 gründete Jaime II.
auf Anregung seines ehemaligen
Seneschalls (Anm.: Hofbeamter)
Ramón Llull ein Collegium zum
Unterricht in den orientalischen
Sprachen, und namentlich in den
arabischen, an dem schon damals Miramar genannten Platze,
damit die unter der Leitung Llulls
stehenden 12 Minoritenmönche
während ihres dortigen Aufent-
haltes in diesen Sprachen un-
terrichtet würden, um dadurch*

sich in fruchtbringenderer Weise der Bekehrung der Ungläubigen widmen zu können... Man nimmt an, dass während der zwei oder drei Jahre, welche Ramón Llull in Miramar zubrachte, letzteres einen Teil der Klostergemeinde gebildet hat, wo er als Oberer und Lehrer tätig war. Nebenbei aber schrieb er wichtige Werke und führte ein Einsiedlerleben, um bei seinen Arbeiten mehr Ruhe zu haben. Wegen des stetig zunehmenden Besuches der Kirche der Trinidad zog er sich häufig in eine benachbarte Höhle zurück, die, wie die an ihrem Fuße entspringende Quelle, bis auf die Gegenwart seinen Namen bewahrt hat. Die Alquería (Landgut) von Miramar umfasste damals noch alle benachbarten Gründe gegen das Meer zu, von Plá del Rey bis zur Foradada.

Unter Jaime II. verließen die Franziskaner aus unbekannten Gründen im Jahre 1300 Miramar. Der König schenkte das Collegium mit den dazugehörigen Gründen dem Abte des Zisterzienser-Klosters von La Real mit der Verpflichtung, dass dort immer zwei geistliche Mönche residieren sollten..."

T I P P

In Valldemossa lebt der Deutsche Nils Burwitz seit 1976. Als einer der bekanntesten zeitgenössischen Bleiglaskünstler der Insel schuf er exzellente Werke (u.a.): Palma (Anglikanische Kirche), Lluc („Fensterrose der Pilger", aus über 500 Teilen), Cura (Randa), die Kartäuserkirche (Valldemossa) und im Amtssitz der Balearenregierung (Consolat del Mar) in Palma. Burwitz spricht fließend Katalanisch und als „Einheimischer" wurde ihm 1992 sogar die Ehre zuteil, die Festrede zu Ehren der Patronin Catalina Tomás zu halten.

Miramar war also für den Universalgelehrten ein Ort, an dem er versuchte, die Theologie zu rationalisieren. Grundlegend war für ihn die Liebe, die Liebe zum Schöpfer, zu den Menschen und die Liebe zur Kreatur, wie er es in franziskanischer Einfachheit beschrieb: „*Wenn ich die Erde und das Meer, den Himmel sehe, und die Vöglein singen höre, und den Geruch der Blumen rieche, dann fühle ich im Herzen eine solche Milde, wie ich sie nie vorher empfunden hatte.*"

Nordwestroute

Sóller, Biniaraitx, S´Estret

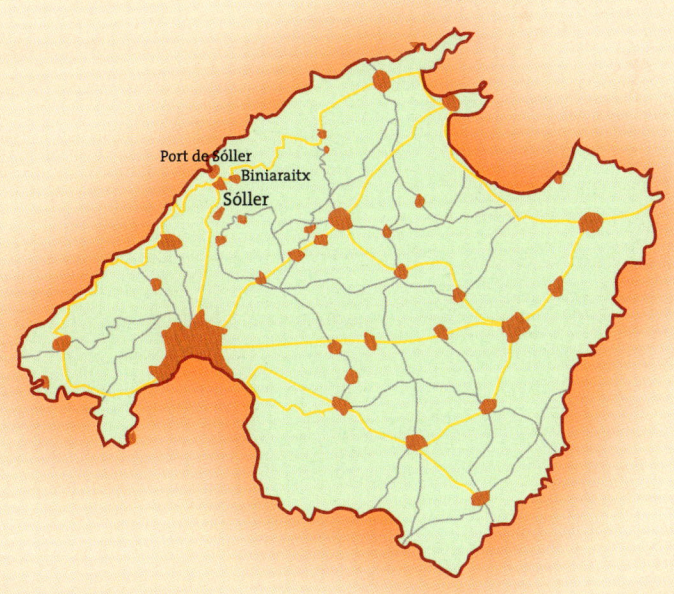

Auf Spuren des Surfer-Patrons und durch grandiosen Schlucht-Pilgerweg

Finca, eingerahmt von den Bergen

Auf den Höhen rund um Sóller

Gleich zwei kleine reizvolle Wege zu einer Kapelle und einer *Ermita* bieten sich vom *Hotel Can Bleda* an. Das als stilvolles Finca-Herrenhaus umgebaute Hotel geht in seinem Ursprung auf ein Kloster zurück, das im 17. Jahrhundert gegründet wurde.

Kapelle de Castelló

Von **Sóller** aus in Richtung **Deià** auf der C-710 bis zum *Hotel Can Bleda* fahren und parken. Von

dort etwa 200 Meter wieder in Richtung Sóller an der Straße zurück laufen. Dann mündet ein Weg in Gehrichtung rechts ein. Von hier sind es noch etwa 200 Meter zur halbverfallenen *Kapelle de Castelló*.

Ermita del Pare Catany

Vom *Hotel Son Bleda* läuft man etwa 100 Meter neben der Straße C-710, die dann in eine kleinere Dorfstraße übergeht. Nach ungefähr 500 Metern führt rechts ein Wanderweg zur *Ermita del Pare Catany* in 296 Metern Höhe. Diese Einsiedelei geht zurück auf den Franziskanermönch Bartomeu Catany, der in Sóller im Jahre 1458 einen Konvent gründete.

Kartenmaterial: Wanderkarte 1:25 000 *Mallorca Tramuntana Central, von Editorial Alpina*

Anfahrt: Mit dem Bus oder dem eigenen Auto; Parkmöglichkeiten beim Hotel Son Bleda.

Einkehrmöglichkeiten: Beim Hotel oder Picknick bei der *Ermita del Pare Catany*.

Sóller und Port de Sóller,

Kathedralen-Detail

Sóller (13 500 Einwohner, Stand 2007) mit seinem naturgeschützten Hafen *Port de Sóller* im Nordwesten der Insel ist der Inbegriff von Gelb, das prägt: nicht nur durch die wärmende Sonne, vor allem sind es die Früchte, die diese Viertels das Attribut der *Orangenstadt* verliehen haben. Tatsächlich ist es so: Pilger, kommst du nach Sóller, so wirst Du mit den unterschiedlichsten Düften und Arten der südländischen Früchte umschmeichelt. Dazu die Berg-

welt der *Sierra de Tramuntana* und das nahe Meer – eine kleine Symphonie der Natur. In das Tal der goldgelben Früchte kommt der Reisende bequem mit der historischen Bahn von **Palma** aus und kann umweltbewusst sogar leicht auf das Auto verzichten.

Im Städtchen herrscht stets ein buntes Treiben rund um den Platz vor der Kathedrale. Sehenswert ist unweit davon das *Gran Hotel Sóller*, das Anfang des neuen Jahrtausends nach über 30 Jahren Dornröschenschlaf wiedereröffnet wurde.

Weitere Informationen:
www.sollernet.com; und
www.visitsoller.com.

Nostalgischer Zug bringt Pilger von Palma nach Soller. Im Bild das Viadukt von Montreals.

Orangen der Finca Ca´s Sant in Sóller

Es gibt in und um die **Orangen-hauptstadt Sóller** viele *Fincas*. Eine davon ist *Ca´s Sant*. Sie ist mittlerweile so bekannt, dass ein Magazin sie 2004 als *Das Haus der Orangen* titulierte. Nicht nur weil auf dem großen Areal die Orangen, Clementinen und Zitronen überaus reichlich gedeihen, sondern auch weil die Produkte in vielfältiger Form angeboten werden. Seit der Jahrtausendwende stellt die Besitzerin *Lourdes Arbona* die wohl beste Orangenmarmelade der Insel her. Jeder Gast bekommt schon beim Frühstück einen Geschmack davon. Da kann es mitunter geschehen, dass Gruppen deutscher Urlauber des Weges daherkommen, um sich mit Dutzenden solcher köstlicher Fruchtbomben ein-

zudecken. „Seit Jahrzehnten gibt es die Marmelade zum gleichen Preis", sagt die Finca-Besitzerin, die mit ihrem Mann *Rafel* und Sohn *Jaime* das Gut bewirtschaftet – eine Knochenarbeit. Dazu gehört, dass stets ein waches Auge auf die winterlichen Verhältnisse geworfen wird. Denn mitunter kann sich im *Tramuntana-Gebiet* in kalten Januarnächten der Schnee wie ein sanfter Zuckerguss auf die grünen Blätter der goldenen Früchte legen. „Schnee ist eine Katastrophe für die Orangen", erzählt *Rafel*. Dann sei es auch aus mit dem Sinnesrausch im Frühjahr, wenn auf der Finca die 800 Bäume mit jeweils 70 000 Blüten einen betörenden Duft verströmen.

Die mallorquinische Besitzerin *Lourdes* erzählt gerne auch Geschichten und Histörchen – wenn es sein muss, auch dreisprachig: Spanisch, Englisch, Französisch –, die sich um die goldenen Früchte aus dem Tal ranken. So sei in der Zeitschrift *Suecia Espana* (Valencia) ein Artikel über ihre Familie *Arbona* und den Großvater *Francisco* erschienen, der schon in den 60er Jahren Orangen nach ganz Europa, vor allem nach Skandinavien, lieferte.

Sóller-Orangen, begehrt auch als Saft oder Marmelade

Straßenbahn zum Hafen

Für den Pilger ist eine Fahrt zum Hafen mit der alten elektrischen Straßenbahn – der einzigen auf den Mittelmeerinseln – ein Muss. Das Bähnchen verdankt sein Dasein einem Trick des damaligen Eisenbahngesellschafters *Juan Morell,* bei der Beantragung der Konzession. „Um die Strecke von Palma nach Sóller bauen zu können, musste diese 30 Kilometer lang sein", so erzählen noch heute die Bahnbeamten in Sóller. Aber sie war halt nur 27 Kilometer lang. Kurzerhand wurde in den Plan die Streckenverlängerung

Eisdiele in Sóller

Insider-Tipp:
Unweit der Kathedrale, bei der *Fabrica de Gelats,* gibt es das wohl beste Inseleis (gegenüber der Markthalle).

TIPP

um drei Kilometer eingezeichnet. Dem Gesetz war damit Genüge getan, und so schaukelt seit 1913 die Tram ihre Fahrgäste an den Hafen.

Das Fischerviertel von Port de Sóller

Die Geschichte des Hafens ist schon immer mit dem Export der Zitrusfrüchte verbunden gewesen. Zudem kam ihm durch seine Lage auch eine gewisse Bedeutung im Blick auf die Verbindung zu anderen Inseln und auf den Handel mit anderen Ländern zu.

Sóller, Straßenbahn zum Hafen

Port de Sóller, Uferpromenade

Der Hafen war auch für viele Mallorquiner die letzte Station beim Aufbruch als Auswanderer in die Neue Welt. Bekannt ist das Hafenviertel *Santa Catalina*, in dem sich die verschiedenen Winde in den Straßenamen wiederfinden. So etwa *Tramuntana* für den Norden und *Llevant* für den Osten.

Aus der Vielzahl der für den Pilger interessanten Stätten seien folgende erwähnt:

Das Bethaus von Santa Catalina de Alejandría

Das Bethaus zählt seit jeher zu den Pilgerorten im Tal. Es wurde im 13. Jahrhundert errichtet, dann bei einem Piratenangriff im Jahre 1542 zerstört und acht Jahre später rekonstruiert. Heute ist hier das **Meeresmuseum** untergebracht.

Ramón (Raimund) de Peñyafort, Patron der Surfer

Ramón de Peñyafort wurde 1175 auf Schloss **Peñyafort** in Katalonien geboren. Gemeinsam mit *Llull* lag ihm die Mission unter Juden und Mohammedanern am Herzen. Aus diesem Grund führte er den Arabisch- und Hebräisch-Unterricht in mehreren Klöstern des Dominikanerordens ein. Bereits 1256 soll der Katalane zehntausend Sarazenen getauft haben. Der Universalgelehrte *Llull* führte dieses Werk nach dem Tode von *Peñyafort* weiter.

Ein großes Anliegen im Leben des Heiligen war die Verehrung der Gottesmutter Maria. *Ramón* genoss zu seiner Zeit hohes Ansehen. Als er am 6. Januar 1275 in Barcelona starb, sollen sich an seinem Grab etliche Wunder ereignet haben. Danach soll Staub, der aus dem Grab rieselte, vielen Kranken zur Genesung verholfen haben. Von *Papst Clemens VIII.* wurde *Ramón* am 29. April 1601 heilig gesprochen.

Pfarrkirche San Ramón de Peñyafort

Die Kirche, zwischen 1938 und 1943 errichtet und 1961 erweitert, enthält mehrere Bildnisse des heiligen *Ramón de Peñyafort* und Altarbilder der heiligen *Catalina de Alejandría* aus dem 16. Jahrhundert.

Öffnungszeiten: Winter – Mittwoch und Freitag, 18 Uhr, Samstag 19.30 Uhr, Sonntag und Feiertage, 12 und 18 Uhr. **Sommer** – Mittwoch und Freitag, 19 Uhr, Samstag 20 Uhr, Sonntag und Feiertage, 12 und 19 Uhr.

Die Gemeindekirche San Bartolomé

Dort, wo das Leben pulsiert, am *Placa de la Constitucio,* steht auch die „Kathedrale" von **Sóller**. Die aus dem Jahre 1236 stammende Kirche ist geprägt durch ihren neugotischen Stil, der durch den weißen Kalkstein als Material besonders akzentuiert wird. Die äußere Jugendstil-Fassade wurde 1904 durch den katalanischen Architekten und Gaudí-Schüler, *Joan Rubió i Bellver,* gestaltet. Der markante Eingangsbereich besteht aus drei gotischen Spitzbögen, zwei flankierenden Engeln

Nach der Legende soll der Heilige auf einer Reise nach Mallorca ganz und gar nicht von dem lasterhaften Lebenswandel des Monarchen *Jaime I.* angetan gewesen sein. Kurzerhand plante er wieder die Abreise nach Barcelona. Doch der König verweigerte ihm dies. In einem verzweifelten Versuch, von **Port de Sóller** doch noch wegzukommen, richtete er seine Bekleidung (Tunika) nach dem Winde aus, dass sie sich wie zu einem Segel aufblähte. Dazu richtete er seinen Bischofsstab wie einen Mast in die Höhe und konnte schließlich über das Meer fahren. Noch heute wird der Heilige auf Wappen mit wehender Tunika über den Wellen dargestellt.

Wegen seiner Weisheit und seiner engen Beziehung zum Meer wird er als der Schutzheilige der Anwälte, Juristen, Prozessbevollmächtigten und Beschützer der Seefahrer und Windsurfer verehrt.

und der **Figur des heiligen Bartholomäus** *(San Bartolomé)*, dem Schutzpatron von **Sóller**.

Das Kloster Convento de los Sagrados corazones

Das ehemalige *Kloster vom Heiligen Herzen (Sagrado Corazón)* der Franziskaner wurde in den Jahren 1757–1814 erbaut. Mit seinem Kreuzgang, einer Kirche im barocken Stil und dem **Bildnis des blutenden Heilands** *(Santo Cristo de la Sangre)* wird das Kloster von Pilgern gerne besucht.

Santuario de la Inmaculada oder auch Sa Capelleta

Die Jugendstil-Elemente aufweisende kleine Kapelle wurde 1917 erbaut. Von der Gartenanlage bietet sich von der Anhöhe aus eine gute Aussicht über das Tal von **Sóller**. Das Innere der Kapelle ist als eine Höhle mit Stalaktiten ausgestaltet.

Iglesia de la Virgen de la Victoria de L'Horta

Die *Kirche der Jungfrau von la Victoria de L'Horta* (in Richtung **Port de Sóller**) wurde in den Jahren 1917–1923 erbaut. Im Andenken

Sóller und seine Kathedrale

Kathedrale, Hauptportal

an den Sieg über die Korsaren (1561)wurde das Gotteshaus 1937 in *Pfarrkirche Mare de Déu de la Victoria* umbenannt.

Öffnungszeiten: Winter: Werktags um 18.30 Uhr, Sonn- und Feiertage ab 11 Uhr.

Sommer: Werktags um 19 Uhr, Sonn- und Feiertage ab 11 Uhr.

Ses Tres Creus

Von der Kathedrale führt der Weg auf einer Dorfstraße in östlicher Richtung in leichten Serpentinen empor zur Stätte *Ses Tres Creus*, die dem Heiligen Herzen Jesu gewidmet ist. Der Rundblick belohnt für den kurzen Anstieg.

Der Kunst-Bahnhof von Sóller

Der Bahnhof, wichtige Drehscheibe am Endpunkt der Bahnstrecke von Palma nach Sóller, hat seit der offiziellen Eröffnung der Kunst-Ausstellungen durch den spanischen König im Jahre 2005 eine Aufwertung erfahren.

In zwei Sälen sind Exponate von spanischen Künstlern von internationalem Rang zu sehen: *Joan Miró* (1893–1983) und *Pablo Picasso* (1881– 1973).

Miró-Saal

Miros Großvater mütterlicherseits stammte aus dem Ort. Einige Stiche des Künstlers heben seine Liebe zur Insel und zu Sóller im Besonderen hervor. Andere Werke, wie etwa die aus der *Serie Gaudí,* sind als Hommage an den weltberühmten Architekten Antonio Gaudí zu verstehen.

Picasso-Saal

In diesem Saal sind 50 Originalwerke des Künstlers aus Malaga ausgestellt, die in den Jahren 1948 bis 1971 entstanden. So beispielsweise Keramikarbeiten mit weiblichen Antlitzen, Anspielungen auf den Stierkult, Stillleben und Tierfiguren.

Hinweis: Beim Informations- und Touristikbüro von Sóller *(Oficina d´Informació Turística de Sóller,*

Sóller, der Kunstbahnhof, von König Juan Carlos eingeweiht

Placa d´Espanya) kann ein umfangreicher und mehrsprachiger Reiseführer käuflich für acht Euro erworben werden (Stand 2008).

Geführte Wanderungen vor Ort

Wer nicht allein auf Entdeckungsreise gehen möchte, der kann sich an die nachstehend aufgeführten Adressen wenden.

Kunstwerkstätte Son Pusa 10 07100 Sóller, z. Hd. Gunther Kobierski; Internet: www.wandern-mallorca.com (Fußwanderungen und Radtouren).

Calle de la Luna, 72 07100 Sóller, Mallorca; Tel.: 0034 971 632423
Internet:
www.tramuntanatours.com
E-Mail:
info@tramuntanatours.com

Salvador und David

Diese beiden ausgebildeten einheimischen und deutschsprechenden Bergführer verfügen über langjährige Wandererfahrung. Der interessierte Pilger (auch Gruppen) kann individuell sowohl zwischen leichteren klassischen, als auch anspruchsvolleren Routen auswählen.

Kontakt: Telefon: 0034 639 713 212 Salvador; 0034 669 334 910 David; Fax: 0034 971 634 960. Internet: mallorcamuntanya.com E-mail: info@mallorcamuntanya. com

Alter Pilgerweg durch mallorquinischen Gran Canyon

Tour in Kürze

Wanderung: Der Pilger von heute sollte beim Start für diese Tour bei der Kathedrale in Sóller kurz innehalten und verinnerlichen, wie sich einst die Menschen von hier aus aufmachten, um auf dem beschwerlichen und abenteuerlichen Fußweg über die Berge zum Heiligtum nach Lluc zu gelangen. Der wieder restaurierte Pflasterweg lässt sich auch für noch nicht erfahrene Pilger zumindest auf den ersten Kilometern gut bewältigen, dies gilt also für die Strecke von Sóller über Biniaraitx bis s´Estret in der Schlucht. Es ist auch einer der beliebtesten Wanderstrecken der Insel und wird *Barranc de Biniaraitx* genannt.

Kurze Routenbeschreibung: Die Tour beginnt am *Plaça de la Constitució* in Sóller. Von hier aus den ausgeschilderten Weg in Richtung Biniaraitx nehmen (Hinweisschild an der Kreuzung *Calle Ozones/Avenida Juli Ramis pintor* beachten). Vorbei geht es am *Bethaus San Felipe Neri*. Danach auf dem Hauptweg zur *Kirche Inmaculada Concepción* mit ihrem weißen Glockenturm und Sonnenuhr. Viele Wegbeschreibungen geben auch als Startpunkt die öffentliche Waschstelle in **Biniaraitx** an. Von dort folgt der Weg dem natürlichen Verlauf des Sturzwassergrabens *Barranc*. Dieser Bereich ist 1994 von der Inselregierung zum Bestandteil im Kulturgut des alten Pilgerwegenetzes erklärt worden. Damit sind Saumpfade *(Camino de herradura)* gemeint, die früher den Menschen mit ihren Tieren ein Durchkommen gestatteten. Auch von Köhlern, Holzfällern, Eisträgern, Kalkbrennern, Bauern oder Fischern wurden diese Pfade genutzt, um ihre Frachten zu transportieren, aber auch um zu Gebetsstätten und Einsiedeleien zu gelangen.

In der canyonartigen Schlucht trifft der Pilger je nach Jahreszeit auf eine reiche Vegetation: so etwa Farne, Efeu, Flechten und Moose. Das erste Teilstück des Weges wird wegen seiner vielen Kurven auch Ses *Voltetes* genannt. Die Abstände zwischen den links und rechts aufragenden Felswänden werden zunehmend enger, bis in **S´Estret** die engste Stelle der Felsenschlucht erreicht ist. Nach weiteren etwa 500 Metern beginnt dann allmählich der Anstieg zum Berg *L´Ofre*, der nur geübten Wanderern zu empfehlen ist. Nach einer Pilgerrast geht es durch die atemberaubende Schlucht wieder zum Ausgangspunkt nach **Sóller** zurück.

Anforderungen und Zeitbedarf: Etwa 3 Stunden (8 Kilometer, hin und zurück)

Einkehrmöglichkeiten: Biniaraitx oder Picknick beim Endpunkt **in S´Estret**

Kartenmaterial: Mallorca Tramuntana Central, 1:25 000, Editorial Alpina; Reiseführer des Tourismus-Büros in Sóller.

Anfahrt: Mit dem Zug von *Palma* nach *Sóller*.

Hauptstadtroute

Palma de Mallorca

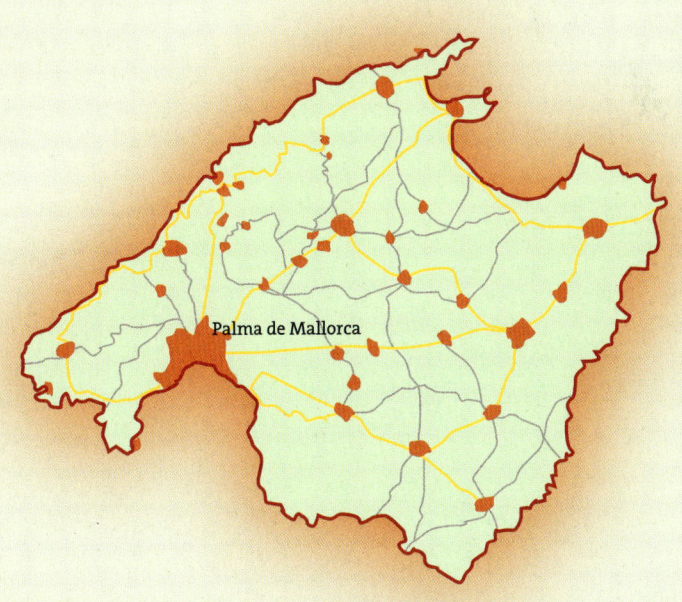

Palma de Mallorca

Die Kathedrale, Barcelós Jahrhundertwerk und Klöster

Palma de Mallorca

(380 000 Einwohner, Stand 2007) ist geprägt von der Kathedrale, dem Hafen und Schloss Bellver, das, auf einer Anhöhe gelegen, einen schönen Ausblick über das Stadtbild bietet.

Weitere Sehenswürdigkeiten sind die ehemalige Börse, mehrere Palais des 16. bis 18. Jahrhunderts sowie zahlreiche Kirchen und Klöster.

Pilgern, die nicht an organisierten Reisen teilnehmen, seien die informativen Führungen durch Palma empfohlen. Das Tourismusministerium der Balearischen Regierung bietet nämlich seit 2004 vier geführte Besichtigungen durch das Stadtzentrum von Palma de Mallorca an, die einen ausgezeichneten Überblick über die verschiedenen Facetten der geschichtlichen Entwicklung der mallorquinischen Hauptstadt vermitteln. Den Klosterinteressierten ist die Tour zu den Klöstern der Kapuzinerinnen zu empfehlen.

Palma, Blick vom Schloss Bellver

Innenhof von Schloss Bellver

Kleine Pilgertour zu den Klöstern der Kapuzinerinnen

Bis zum ersten Drittel des 19. Jahrhunderts gab es in Palma 11 Frauenklöster. Der dann folgende politische und gesellschaftliche Wandel führte zur Auflösung einiger Klöster, doch haben sich bis zum heutigen Tag sieben Klöster erhalten, die nicht nur Stätten gelebten religiösen Lebens, sondern auch Kulturdenkmäler sind, die wertvolle kunsthistorische und ethnographische Schätze bergen.

Auf dem geführten Rundgang werden die Konvente im unteren Teil der Stadt vorgestellt: *La Concepción* (16. bis 17. Jahrhundert), *Santa Magdalena* (16. bis 18. Jahrhundert) und *Santa Teresa de Jesús* (17. Jahrhundert). Besonders erwähnenswert ist *Santa Magdalena*, da hier die Inselheilige *Catalina Tomás* in einem gläsernen Sarg ruht. Er ist umgeben von zahlreichen Bildern aus ihrem Leben. Die Inselheilige aus **Valldemossa** hat hier im Magdalenenkloster gelebt.

Dauer des Rundganges: ca. 2 Stunden

Informationen und Reservierungen: Telefon: 0034/ 636 430 000;
E-Mail: itinerariosculturales@caib.es;
Internet: www.illesbalears.es

Diözesanmuseum

Das Museum enthält eine Sammlung zur Geschichte und Kultur der Insel und wurde 1916 vom späteren Bischof *Campins* gegründet. Einmalig sind die Exponate zur religiösen Kunst aus dem 14. bis 18. Jahrhundert.

Im Jahre 2008 wurde das Museum komplett modernisiert und in sieben Bereiche eingeteilt: religiöse Bildhauerkunst, Archäologie, moderne Keramik, Stiftung Séguier, verschiedene religiöse Kunstgegenstände und Münzensammlung, gotische Malerei und Bibliographische Sammlung.

Der Leiter des Museums, *Miquel Garau*, erläuterte dazu, dass das Museum in seiner neuen Form einen „pädagogischen Überblick über die Kirchengeschichte auf Mallorca" bieten und dem Besucher die „Schönheit der kirchlichen Kunst" vermitteln wolle.

In einer ständigen Ausstellung werden etwa 200 Exponate der

Kirchenkunstgeschichte der Insel aus der Zeit seit dem 15. Jahrhundert bis heute präsentiert. So u. a. die Werke von *Sant Jordi,* von *Pere Niçard* mit flämischem Einfluss, oder auch die Exponate des valenzianischen Renaissancemalers *Joan de Joanes* mit ihren großen, klassisch-römischen Motiven.

Adresse: Museo Diocesano Palacio Episcopal, Calle Mirador 5, Palma de Mallorca

Geöffnet 10 bis 14 Uhr

Telefon: 00 34/ 971 723 860

Kloster San Francisco

Diesem Kloster sollte jeder Mallorca-Pilger einen Besuch abstatten, zumal hier neben dem größten gotischen Kreuzgang in Europa auch die Begräbnisstätte des großen katalanischen Theologen und Philosophen *Raimundus Llullus (Ramon Llull)* zu sehen ist. Ihre Geschichte sei hier nur kurz umrissen: Nach der Wiedereroberung Mallorcas durch die Katalanen im Jahre 1229 kam die Ordensgemeinschaft der Franziskaner nach Palma und gründete dort ihr Kloster. Der Baubeginn dieses architektonisch großartigen Gebäudes ist auf das Jahr 1286

datiert. Die ursprüngliche Fassade wie das Gebäudeinnere wurde 1580 durch einen Blitzschlag beschädigt. 1628 wurde ein Teil der ursprünglichen Kirche abgerissen und neu errichtet. Die Arbeiten waren um 1700 vollendet. Parallel dazu wurde weiter bis Mitte des 19. Jahrhunderts umgebaut. Im Eingangsbereich befinden sich die Figuren des heiligen Domingo und des heiligen Franziskus. Das gotisch geprägte Kirchenschiff hat seitliche Altarräume, einen Chorumgang und ein von Säulen getragenes Kreuzgewölbe.

Das **Wandgrab von Llull** wurde 1487 von *Francesco Sagrada* angefertigt. Es besteht aus zwei Teilen: Im unteren Teil mit sieben leeren Nischen sollten Statuen eingefügt werden, die Wissenschaft und Kunst symbolisieren sollten, jedoch nie angefertigt wurden. Im oberen Teil ist der Alabastersarg als Liegefigur in die Wand eingefügt.

Die große **Fensterrosette** am Hauptportal wurde von *Francesco de Herrera* geschaffen. Figuren von *Ramon Llull* und *Johannes Duns Scotus* befinden sich neben der Eingangstür. Die Bronzestatue auf dem Kirchenvorplatz stellt *Junípero Serra* aus *Petra* dar, der 18 Jahre lang im Kloster lebte.

Adresse: Plaça Sant Francesco, 7 Districte 1, Centre Palma de Mallorca

Öffnungszeiten: 9.30–12.30 Uhr und 15.10–18 Uhr; Sonn- und Feiertage: 9.30–12.30 Uhr.

Kloster Sant Bernat de la Real

Auf dem *Weg der Könige*, an der Straße nach **Valldemossa** und **Establiments**, liegt das Kloster von **La Real**. Ursprünglich war es der Garten des *valí*, des maurischen Gouverneurs. Hier rasteten die Truppen von *Jaume I.*, als er Mallorca während der christlichen Eroberung im 13. Jahrhundert jahrelang belagerte. Nach der Eroberung der Insel, gegen 1266, gründeten die Zisterzienser hier ein Kloster *(Santa Maria de la Real)*, welches dem Kloster von **Poblet** in Katalonien bis zum Jahr 1560 unterstand.

Wissenschaftlichen Forschungen (u. a. von *Erhard Wolfram Platzeck*) zufolge muss das Kloster auch ein Aufenthaltsort von *Raimundus Lullus* gewesen sein. Im Kloster befinden sich wertvolle Handschriften und Gemälde von Klostergründer *Nuno Sans, König Jaume*, dem Conquistador, und *Llull*. Außerdem ist eine Sammlung von etwa 4000 *Goigs* zu sehen, das sind religiöse Volkslieder in mallorquinischer, katalanischer und valenzianischer Sprache.

Das Kloster gehört heute dem *Orden der Missionare der Heiligen Herzen*. Jeden 19. August findet eine Prozession von der *Placa de Cort* in Palma bis zum Kloster statt. Ein wunderschöner Innenhof und ein großes Denkmal von *Llull* laden zum Innehalten ein.

Nach der Jahrtausendwende kam das Kloster in die Schlagzeilen, weil in unmittelbarer Nähe ein Großkrankenhaus geplant und 2008 sogar schon im Rohbau fertig gestellt war. Viele Gruppierungen aus Palma mit Unterstützung der Mönche schlossen sich in Demonstrationen zusammen, um gegen den Bau zu demonstrieren. Ungeachtet dessen scheint es wie ein Fingerzeig zu sein, was im Jahre 2008 erneut für Wirbel sorgte. Denn nach einem Bericht der *Mallorca Zeitung* vom 13. November 2008 droht nämlich dem

Bau des Krankenhauses *Son Espases* eine neuerliche Verzögerung. Laut dem Bericht hätten Archäologen auf einer Fläche von rund 1000 Quadratmetern auf der Baustelle Gemäuerreste gefunden, die rund 2000 Jahre alt sind. Die

La Seu, Kathedrale, Gesamtansicht

Landesregierung hatte daraufhin einen Antrag beim für Denkmalschutz zuständigen Inselrat gestellt, um die archäologischen Funde umsiedeln zu dürfen und so den Bau fortsetzen zu können. Wie es in einer Verlautbarung des Architekten heißt, sei der Weiterbau ohne diese Umsiedlung nicht möglich, da sich die Mauerreste direkt vor der künftigen Notaufnahme befinden. Der Bau war allerdings zu diesem Zeitpunkt schon zu weit fortgeschritten, als dass die Notaufnahme sowie Chirurgie und Intensivabteilung hätten verlegt werden können.

Alonso Rodriguez (1532–1617): Patron von Mallorca

Alonso Rodriguez, der Patron von Mallorca, wurde im spanischen **Segovia** geboren. Im Alter von 26 Jahren heiratete er *Maria Suarez,* die ihm drei Kinder gebar. Zwei davon starben früh, und seine Ehefrau folgte ihnen schon nach fünfjähriger Ehe nach. Der junge Alonso geriet durch diese Schicksalsschläge in eine Lebenskrise. Als sein drittes Kind starb, suchte er Aufnahme bei den Jesuiten. Doch seine mangelnde Ausbildung und auch erfolglose Versuche, ein Studium zu absolvieren, verwehrten ihm den Eintritt in den Orden. Es wurde ihm aber erlaubt, als Laienbruder beizutreten und im neu gegründeten Kolleg von Mallorca den Pförtnerdienst auszuüben. *Rodriguez* hat Schriften hinterlassen, die hauptsächlich aus Notizen über gehörte Übungen und Predigten sowie eigene Visionen bestehen. Der mallorquinische Patron wurde 1887 heilig gesprochen. Die Gebeine ruhen in der *Kirche Montesión* in Palma de Mallorca.

Adresse: Cami Real 3; 07010 Palma (Mallorca), Telefon: 0034 971 750 495.

Die Kathedrale „La Seu"

Herausragendes Bauwerk der Inselhauptstadt ist die gotische Kathedrale von Palma, die 1230 begonnen und im 17. Jahrhundert fertiggestellt wurde. Ein besonderes Schmuckstück ist der Altarbaldachin, der von dem bekannten katalanischen Architekten Antonio Gaudí entworfen wurde.

In der Rosette sind über 1200 einzelne bunte Glasstücke verarbeitet. Mit einem Durchmesser von 11,5 Metern ist sie die größte der Welt und übertrifft sogar noch die von Notre-Dame in Paris mit 9,6 Metern Durchmesser.

Zu den Besonderheiten zählen u. a. der **Domschatz**, der alte und neue **Kapitelsaal** und die **20 Kapellen** mit ihren stilistisch unterschiedlichen Ausrichtungen. Sie sind historischen Größen der Kirche gewidmet, wie etwa *Antonius, Martin, Bernhard, Benedikt, Sebastian, Josef, Hieronymus, Maria und Jesus.* Aufgrund der Vielzahl empfiehlt es sich, bei der Besichtigung eine Vorauswahl zu

Insider-Tipp

Wenn Sie die Kathedrale besichtigen, dann sollten Sie dies während des Vormittags tun; denn dann scheint die Sonne durch die Rosette in der Hauptapsis und erfüllt die Kathedrale mit eindrucksvollem Licht.

treffen. Unbedingt sehenswert ist jedoch die neu gestaltete **St. Peter-Kapelle.**

Touristische Führungen:

1. April bis 31. Mai: Montag bis Freitag von 10 bis 17.15 Uhr.
1. Juni bis 30. September: Montag bis Freitag von 10 bis 18.15 Uhr.
2. November bis 31. März: Montag bis Freitag von 10 bis 15.15 Uhr.
Samstag (ganzjährig) von 10 bis 14.15 Uhr.

Fensterrosette in der Kathedrale

Barceló und die St. Peter-Kapelle in der Kathedrale

Der mallorquinische Künstler *Miquel Barceló* (geboren 1957 in Felanitx) hat nicht nur 2008 die *Stalaktiten-Kuppel* im neuen Saal der Menschenrechte am UNO-Sitz in Genf geschaffen, sondern auch ein bedeutendes Zeugnis der Gegenwartskunst für die Kathedrale: Die St. Peter-Kapelle, die am 2. Februar 2007 in Anwesenheit des spanischen Königs offiziell eingeweiht wurde.

Für die bis dahin mit einem nicht sonderlich bedeutenden Altar am Kopfende des rechten Seitenschiffes befindliche Kapelle hat der Künstler eine Wand mit einer Haut aus Keramik förmlich tapeziert und die fünf Kirchenfenster in die Komposition miteinbezogen. Für die Anfertigung der 300 Quadratmeter großen Keramikfläche hat der Künstler den italienischen Töpfer *Vicenzo Santoriello* von einem Dorf bei Neapel gewinnen können. So entstand im Sommer 2001 das erste Modell der Kapelle. Die Thematik bildete die Vermehrung von Brot und Fischen nach dem Johannesevangelium und auch die Verwandlung von Wasser zu Wein bei der Hochzeit von Kanan. „Ein Thema, das es dem Künstler erlaubt, seine gewohnte Symbolik und Formensprache voll zu entfalten", so *Biel Mesquida* vom *Conselleria de Turisme,* Mallorca. Die tatsächlichen Arbeiten begannen im Frühjahr 2003 und zogen sich bis 2007 hin. Dazu entwickelte *Barceló* viele neue Arbeitstechniken und Werkzeuge für die Schaffung des „Jahrhundertwerkes".

Beispielsweise wurden für die riesige Keramikfläche 150000 Kilogramm Ton und 2000 Kilogramm Pigmente zum Färben der Keramik verwendet und 1500 stählerne Verankerungen an den Wänden der Kapelle befestigt. Von 2005 bis 2007 widmete sich der Künstler der Gestaltung der rund 15 Meter hohen Glasfenster. Dazu hat *Barceló* feine Abstufungen von Grautönen gewählt, um der symbolisierten Wasserwelt durch die Verschmelzung mit dem gedämpften, einfallenden Licht in die Kapelle eine besondere Akzentuierung zu verleihen. Zudem bildet dies einen Kontrast zu den üppigen Farben der Keramiken.

Das Motiv im Hauptfenster (mit sparsamer Andeutung als Wiederholung in den Seitenfenstern) stellt den **Baum der Erkenntnis** dar. Farblich sind hier der Kosmos und das mediterrane Lebensgefühl eingefangen und symbolisiert dies in Ocker, Rot, Gelb, Blau und Grün. Die **Christusfigur** in der Mitte unter dem Hauptfenster ist kein über dem Kosmos thronender Herrscher, sondern eine schmale, nur angedeutete Figur: Gottes Sohn. Die hellen, klaren Farben stehen für Reinheit. Ein Kreuz gibt es nicht.

Das große Werk wird von *Biel Mesquida* vom *Conselleria de Turisme* als „eine Sixtinische Kapelle des 21. Jahrhunderts" beschrieben. Sie sei „ein Raum der Kunst und der Geistigkeit für die Menschheit, ein Werk, das mit denen eines *Gaudi*, *Jujol* und *Blanquer* kommuniziert, die diese Kathedrale unter ihrem Dach versammelt." *Josep Maria Jujol* (1879–1949) ist ein katalanischer Architekt und Kollege von *Antonio Gaudí*. Der Maler *Jaume Blanquer Macip* (1630–1687) gestaltete ursprünglich die **Kapelle St. Peter.**

Mit Sand in die Höhe: Die Kathedrale La Seu

„Die Kathedrale von Mallorca hat den größten freitragenden umgebenden Innen-Leer-Raum der Welt. Das heißt, sie benötigte die geringste Menge Baustoff, um den größten nutzbaren Innenraum herzustellen. Übrigens: Viele Architekturstudenten vom spanischen Festland kommen hierher und staunen stets erneut, wie die alten Meister ein solches Bauwerk schaffen konnten", so Professor *Joan Bestard Comas,* derzeitiger Tourismusseelsorger und früherer verantwortlicher Domkapitular für den Bau und die Restauration der Kathedrale in Palma.

Was fast kein Reiseführer erzählt: Als die Kathedrale gebaut wurde,

La Seu, Detail

gab es noch keine High-Tech-Baukräne und Gerüste, die ähnlich wie bei den markanten Bankhochhäusern einfach in luftiger Höhe aufgepfropft werden, um dort weiter arbeiten zu können. *Joan Bestard:* „Die alten Baumeister haben einfach den vielen Sand in der Bucht zusammengetragen, um quasi als Gerüstersatz auf der jeweiligen Höhe arbeiten zu können. Je höher die Säulen und die Türme wuchsen, desto höher wuchs auch die das Gotteshaus umgebende Sandschicht. Nach der Fertigstellung wurde der Sand einfach wieder Stück für Stück abgetragen."

Kirche Santa Clara

Santa Eulalia

Auch wenn der alte Bau nach außen hin eher sehr nüchtern wirkt, ist sein Inneres gerade das Gegenteil. Der mallorquinische Maler *Guillermo Mezquida* (1625–1747) schmückte den **spätbarocken Hochaltar** mit einer ausdrucksstarken Darstellung der **Krönung Marias.** Besonders beachtenswert sind die vier **Seitenkapellen** mit Bildern und Figurengruppen.

Santa Clara

Markantes Zeichen ist der **Glockenturm**, der an ein Minarett erinnert und maurischen Einfluss vermuten lässt. Im Jahre 1256 beauftragte *König Jaume I.* den Bau eines Franziskanerklosters zu Ehren der heiligen *Clara*. Da das Kloster derzeit immer noch geschlossen ist (Stand 2008), kann man nur die Kirche und den kleinen Hof, der zur Kirche führt, besichtigen.

Das Innere des Klosters weist weiterhin die originalen gotischen Stilelemente auf. Erwähnenswert sind auch die **Säle** mit auf Bogen ruhendem Gewölbe.

Santa Creu

Im Hafenviertel *Puig de Sant Pere* befindet sich die Kirche *Santa Creu*. Sie zählt zu den vier ersten Pfarrkirchen der Stadt und wurde auf einem Tempel errichtet, dessen *Krypta Sant Llorenç* erhalten blieb. Die Kirche wurde in gotischem Baustil errichtet, mit einem Barock-Portal aus dem 18. Jahrhundert. Das Kirchendach ist ein auf achteckigen Säulen gestütztes Kreuzgewölbe.

Kirche Montesión

Als die Jesuiten Mitte des 16. Jahrhunderts nach Mallorca kamen, ließen sie sich in der *Kapelle Nuestra Señora de Montesión* nieder. An diesem Platz befand sich zuvor eine Synagoge. Bis zur Abschaffung des Ordens im Jahre 1767 war die *Kirche Montesión* im-

mer ein Zentrum vielfältiger Aktivitäten. Sehenswert ist auch das Grabmal des heiligen *Alonso Rodriguez,* Patron von Mallorca. Eine Reliquie soll in der wunderschönen Pfarrkirche *San Bartolomé* in **Son Rapinya** (Vorort von Palma) zu sehen sein.

Das Kircheninnere folgt den Regeln der gotischen Architektur: Ein Kirchenschiff mit seitlich angeordneten Altarräumen und einem rechteckigen Kopfstück. Das Kirchendach besteht aus einem Tonnengewölbe mit Lünetten. Besonders hervorzuheben ist die Hauptfassade des Gebäudes mit einem Kirchenportal aus dem 17. Jahrhundert.

Sant Miquel

Die Kirche *Sant Miquel* gehört zu den ältesten Kirchen von Palma. Auf dem Platz, auf dem die Kirche erbaut wurde, befand sich eine Moschee, die im 13. Jahrhundert nach einigen Umbauten als christliche Kirche genutzt wurde.

Alljährlich: 48 Kilometer lange Nachtwallfahrt von Palma zum Kloster Lluc

„Von **Güell** nach **Lluc** zu Fuß" (*Des Güell a Lluc a Peu*) ist ein Nachtmarsch, der jedes Jahr am ersten Samstag im Monat August zwischen **Palma** und **Lluc** in der *Serra de Tramuntana* stattfindet. Die Wallfahrt geht in ihren Anfängen sogar bis ins 14. Jahrhundert zurück.

Tolo Güell, der Initiator des Marsches und Inhaber einer bekannten Bar in Palma, erweckte die jährliche Nachtwallfahrt wieder zum Leben, nachdem seiner 6-jährigen Tochter 1973 eine Wasserflasche in der Hand explodierte und einer der anwesenden Gäste ausgerufen haben soll: „Gott sei Dank, es ist nichts passiert. Dafür müssen wir hinauf nach Lluc pilgern." So machten sich im Sommer 1974 etwa 30 Pilger auf den Weg. Und in den 80er Jahren formte sich aus einer Gruppe von 50 Personen rund um *Tolo Güell* die *Gruppe Güell,* die sich außer um die alljährliche Wallfahrt auch um andere soziale und kulturelle Veranstaltungen verdient macht. *Sa Nostra,* das führende Finanzinstitut der Balearen, bekundete 1980 sein Interesse an dem Pilgerlauf. Heute sind es über 10 000 Menschen, die sich an dem doch strapaziösen Marsch beteiligen.

Die *Marxaires* (Wanderer) vom spanischen Festland, von anderen europäischen Ländern und natürlich die Mallorquiner treffen sich mit eintretender Dämmerung am

Insider-Tipp:

Wer am ersten Augustwochenende dabei sein möchte, sollte sich am Kiosk nahe der einstigen *Bar Güell* in der *Straße Aragón* vorher anmelden oder sich in einem der örtlichen Tourismusämter erkundigen. Jeder Teilnehmer erhält ein fluoreszierendes Erkennungszeichen und wird registriert. Die Wallfahrt wird begleitet von der *Guardia Civil* und von ambulanten Servicekräften, die zur Seite stehen, wenn jemand unterwegs aufgibt. *Informationen in den Touristenämtern vor Ort und den lokalen Medien etwa eine Woche vor dem Termin der Wallfahrt. Weitere Informationen über die Gruppe GÜELL, Telefon: 0034/971 27 81 01.*

T I P P

Plaza Güell. Mit einem großen musikalischen Auftakt werden die Nachtpilger verabschiedet.

Mittlerweile ist die alljährliche nächtliche Wallfahrt so populär, dass beispielsweise im Jahre 2007 mehr als 18000 Menschen von Palma aus starteten. Davon erreichten mallorquinischen Medien zufolge allerdings etwa 8 000 Pilger völlig erschöpft in der Morgendämmerung des Sonntags den Klosterhof in Lluc. Zu den Etappen auf der nächtlichen Pilgerroute zählen **Marratxi**, das bekannt ist durch die berühmten Siurells, die typischen Tongefäße aus Keramik. In **Santa María**, nach 15 Kilometern, wird der erste Stopp eingelegt, bei dem es Wasser, Erfrischungen und Früchte gibt. Dann geht es an den östlichen Ausläufern des Tramuntana-Gebirges weiter durch die fruchtbare Landschaft der Region Es Raiguer bis hin zu den Weinorten Consell und Binissalem. Etwa um drei Uhr in der Frühe erreichen die Pilger über Lloseta und Biniamar schließlich Selva, wo es wiederum Erfrischungen und

Die Doppeldeckerbusse in Palma: Sightseeing in acht Sprachen

Seit Sommer 2003 kreisen in der Mittelmeermetropole Doppeldeckerbusse mit Infos in acht Sprachen. Das städtische Busunternehmen *EMT* und das weltweit operierende Unternehmen *City Sightseeing* bieten diesen Service an. Die Busse fahren alle bekannten touristisch und historisch sehenswerten Stellen der Stadt an: Die **Kathedrale**, das **Castell Bellver,** die **Altstadt**. Fahrgäste können an den 14 Haltepunkten zu- und aussteigen, so oft sie wollen. Das Ticket (für Kinder halber Preis), gilt für 24 Stunden. Die Busse verkehren zwischen 9 Uhr und 22 Uhr im 20-Minuten-Rhythmus. Per Kopfhörer werden die Sehenswürdigkeiten der Stadt erklärt.

Insider-Tipp: Ticket direkt am *Placa Espagna* (gegenüber den Bahnhöfen) kaufen. Denn an den ausgewiesenen Stationen kann es passieren, dass der Bus durchrauscht und kein Ticket gekauft werden kann. Da kann man dann nur mit den Einheimischen den Kopf schütteln, die zudem meinen, dass die Fahrer manchmal schon etwas „gaga" seien.

Mit Western-Zug ins Pilgertal von Sóller

Der Bahnsteig in **Palma** hat schon vieles erlebt: Menschen unterschiedlicher Hautfarbe, Künstler, gekrönte Häupter der Welt, Film- und Fernsehstars. Und alle sind sie gekommen wegen des wohl berühmtesten Zuges – den die meisten als *Roten Blitz* bezeichnen, obwohl er keinen roten Anstrich hat und auch nicht superschnell ist. Eigentlich gleicht er eher einem Western-Zug, der gemächlich seine einzigartige Route von der Hauptstadt **Palma** ins Gebirge und nach **Sóller** im Orangen- und Pilgertal nimmt. Empfohlen sei

der Touristenzug um 10.40 Uhr mit Original-Loks aus dem Jahre 1929. Dazu passend die Waggons, vor allem der Erste-Klasse-Wagen – *made in old England* – mit Abteilwänden in Mahagoni, blitzblank geputzten Messinglampen, Türgriffen, Aschenbechern und weichen Ledersofas.

Die Reise mit der Schmalspur-Bahn führt durch die fruchtbare Ebene mit ihren Oliven- und Mandelplantagen zum **Tramuntana-Gebirge,** vorbei am bezaubernden Landstädtchen **Bunyola** und passiert dabei insgesamt 13 Tunnel. Danach gibt's einen Foto-Halt (Top-Aussicht!), bevor es weitergeht über das imposante Viadukt bei **Montreals,** ehe die nostalgische Fahrt nach 27 Kilometern und gut einer Stunde Fahrzeit im Bahnhof von **Sóller** endet. Hier erwartet die ein wenig „bahnsüchtig" gewordenen Pilger die einzige elektrische Straßenbahn *(tramvia)* auf den Mittelmeerinseln (seit 1913), und schaukelt sie an den Hafen von **Sóller.**

Der „Rote Blitz"

Früchte zur Stärkung gibt. Bald folgt die Ortschaft Caimari, nach der der Weg allmählich in Serpentinen hinauf ins Gebirge ansteigt. An weiteren Versorgungsstopps vorbei erreicht man endlich das Kloster Lluc, wo ein Blumenopfer an die heilige Jungfrau den Abschluss der Wallfahrt bildet. Zurück geht es in Bussen nach Inca, von wo aus die Pilger per Inselflitzer nach Palma gelangen.

Aqua con gas – wo holen?

Allen Pilgern mit der Bahn nach **Sóller** oder ins Landesinnere sei empfohlen, dass sie sich vor Antritt der Fahrt mit einem ausreichenden Wasserdepot eindecken. *Aqua con gas* hat quasi überall die gleiche Qualität, aber dennoch nicht im Preis. Im Bahnhof von **Palma** kostet eine kleine Flasche (0,5 Liter) fast drei Euro (Stand: 2007), in **Bunyola** 1 Euro und im Supermarkt (gegenüber der Eisdiele in Sóller) 50 Cent. Auf den anderen Bahnstrecken nach **Inca/SaPobla** und **Manacor** gilt Ähnliches.

Deutschsprachige katholische Gemeinde Mallorca

Es gibt 160 deutschsprachige katholische Gemeinden im Ausland, einige davon auch in den Touristenregionen am Lago Maggiore, Cran Canaria und selbstverständlich auf Mallorca. Begonnen hat alles im Jahre 1967, quasi als die Deutschen die Mittelmeerinsel zu ihrer Lieblings-Urlaubsregion erkoren hatten. *Pfarrer Heinrich Hollemann* war der erste, der erkannte, wie sehr viele Winterurlauber einen deutschsprachigen Gottesdienst vermissten. Zudem schien nach dem Aufbruch nach dem Zweiten Vatikanischen Konzil die Möglichkeit greifbar nahe, Gottesdienste in der Landessprache abzuhalten. Deshalb knüpfte Pfarrer Hollemann Kontakte zu seinem spanischen Amtsbruder in **Arenal**, zu den Franziskaner-Mönchen in **La Porciúncula** und zu seinem evangelischen Glaubensbruder *Pfarrer Patzer* von der deutschsprachigen evangelischen

Gemeinde. Mit Unterstützung der Diözese Mallorca und in ökumenischer Verbundenheit fand dann an Weihnachten 1968 in der Kathedrale von Palma der erste ökumenische Festgottesdienst in deutscher Sprache statt. Historischen Quellen zufolge sollen daran über 1500 Winterurlauber teilgenommen haben.

Auf *Pfarrer Hollemann* folgte *Monsignore Robert Kramer,* der den eingeschlagenen Weg weiter ausbaute. Im Jahre 1977 konnte

Gottesdienste:

Playa de Palma

Hauskapelle St. Michael, C/ Costa Brava 23 (Balneario 9)
Samstag: 17 Uhr (Oktober bis März); Dienstag: 10 Uhr

San Fernando, (Balneario 7)
Mittwoch: 10 Uhr (Oktober bis März)

Cala Murada

Kirche am Meer, Calle Murada 1
Donnerstag: 11 Uhr (3. Donnerstag im Monat)

Cala Ratjada

Klosterkapelle, C / de ses Monges, 20
Freitag: 15.30 Uhr (Oktober bis März), 17 Uhr (April bis September)

Paguera

Pfarrkirche St. Christ, Placa Matilde Wäring 1
Sonntag: 9.15 Uhr

S´Arenal

La Porciúncula
Av. Fraile Joan Labrés, 1, (Nähe RIU Hotels): 11 Uhr

das **Gemeindezentrum St. Michael** mit der Kirche *La Porciúncula* in **Arenal** seiner Bestimmung übergeben werden. Gegenwärtig leitet *Pfarrer Walter Eith* die deutschsprachige Gemeinde.

Deutsche Katholische Seelsorge

Centro Católico Alemán, Haus St. Michael, Calle Costa Brava 23
Apt. Correos 133
Kontakt: Pfr. Walter Eith, Gemeindereferentin Beate Schmid:
Tel. 971 264 551, centrocatolico@web.de
Telefax 971 262510 (Centro)
Telefon 971 749675 (Pfarrer Eith)
Mobiltelefon (0034-664) 744160 (Pfarrer Eith)
E-Mail: w.eith@web.de

Deutscher Sozial-und Kulturverein

e.V., c/ Huguet d`es Far, 20, 07180 Santa Ponca
Tel/Fax: 971 690 554

Deutschsprachige AA-Meetings

Kloster La Porciúncula,
jeden Mittwoch, 19.30
Santa Ponca, c/Huguet d'es Far 20, 19.30

Offene Meetings bei Bedarf

Tel. Auskunft:
täglich 18.00–21.00
(+34)676 366 840

Klosterkirche La Porciúncula in El Arenal

Eng mit der Geschichte der deutschsprachigen katholischen und evangelischen Gemeinde ist die Klosterkirche *La Porciúncula* (Unserer Lieben Frau) verbunden. Nur wenige Hundert Meter vom Ballermann entfernt befindet sich *La Porciúncula* in **El Arenal**. Mittlerweile ist es das Zentrum der Christen, in dem Begegnungen und hochrangig konzertante Aufführungen stattfinden und der ökumenische Dialog gepflegt wird. Der ellipsenförmige Grundriss der Kirche mit den großen Fensterflächen, auf denen der **Sonnengesang des heiligen Franziskus** dargestellt ist, bewirkt eine einzigartige Akustik, die die Kirche sogar zu einem „perfekten Konzertsaal" macht.

Wenn die derzeitigen Planungen für die Neugestaltung der *Playa de Palma* tatsächlich Realität werden sollten – nach dem Bericht der *Mallorca- Zeitung* vom 12. Juni

2008 sollen dafür drei Milliarden Euro veranschlagt worden sein –, dann tritt auch die katholische Klosterkirche ins Zentrum dieser Umgestaltungen. Denn genau dort soll nämlich der **Porciuncula-Park** entstehen. Dem Bericht zufolge sei das Gebiet um die Kirche *La Porciúncula* für den Architekten *Adriaan Geuze* so etwas „wie ein ungeschliffener Diamant". Nach seinen Worten könnte dieser Hinterhof der *Playa de Palma* als neuer Anziehungspunkt aufgewertet werden.

Ökumenische Pilger-Wallfahrten

Seit Jahren finden auf der Insel ökumenische Pilger-Wallfahrten zu *Ermitas* und den Heiligtümern statt. Vielleicht macht gerade der dabei entstehende interkonfessionelle Dialog deutlich, dass die geschwisterliche Verbundenheit mitten in Europa und mitten auf einer Urlaubsinsel par excellence in der Praxis gelebt wird.

In der Ausgabe *Das Beiboot, Gemeindebrief der deutschsprachigen Evangelischen Gemeinde auf den Balearen* – Ausgabe Juni-September 2008, heißt es dazu u.a.:

„...Wallfahrtslieder wurden nicht gesungen unterwegs; dazu war der Weg dann doch zu steil. Oben aber, in der kleinen Klosterkirche, schallte es trotz vieler „Zungen" wie aus einer Kehle: *Veni Creator Spiritus!*

Im Gemeindebrief von 2007 schreibt *Brigitte Weinhold* u.a.: „... Angekommen auf dem Puig Miquel fand in der Kirche die letzte Station statt, *Monsignore Robert Kramer* und *Pfarrer Weinhold* tauften die Konfirmandin *Lara Fürnsinn* in einer sehr persönlichen und anrührenden Zeremonie.

Evangelische Gottesdienste auf Mallorca:

Paguera
Pfarrkirche Pla. Mathilda Wäring
Sonntag, 17 Uhr
Playa de Palma
Porciúncula, Av. J. Llabrés, 1
September – Juni, Samstag, 11 Uhr
Santa Ponca
Seniorenresidenz Es Castellot
September – Juni, Samstag, 18 Uhr
Cala Ratjada
Pfarrkirche im Ort, Sonntag,
11 Uhr
Cala Murada
Pfarrkirche, 1. Mittwoch im Monat
Mittwoch, 11 Uhr

Adresse:

Klaus-Peter Weinhold

Tel. 971 743 267, Fax 971 743 897

kirche-mallorca@wanadoo.es

oder: evgemeindebalearen@
web.de

www.kirche-balearen.de

Hans Bauer Tel. 971 695 090

Der Ökumenische Rat von Mallorca

Er tritt dreimal jährlich zusammen unter der Leitung des Ökumenebeauftragten des Bischofsamtes, *Padre Lorenzo Alcina,* und organisiert die beiden ökumenischen Wallfahrten und die „Woche der Einheit". Gegenwärtig sind folgende Kirchen vertreten: Anglikanische Kirche, Evangelische Norwegische Kirche, Evangelische Schwedische Kirche, Russisch-Orthodoxe Kirche, Orthodoxe Kirche Rumäniens, Orthodoxe Kirche Serbiens, Evangelische Kirche von Finnland, Griechisch-Katholische Kirche der Ukraine, Griechisch-Katholische Kirche von Rumänien, Deutschsprachige Evangelische Gemeinde der Balearen, Deutschsprachige Katholische Seelsorge, Spanische katholische Kirche.

Cursillo

Wenn heute in den Medien viel über den Jakobsweg nach Spanien berichtet wird, dann kommt auch der Begriff des *Cursillo* häufig vor. Damit ist nämlich die Bewegung spanischen Ursprungs innerhalb der katholischen Kirche gemeint *(Cursillos de Cristiandad).*

Was häufig eher nur am Rande Erwähnung findet, ist die Tatsache, dass diese ursprüngliche Idee von Mallorca ausging. Anlässlich der geistlichen Vorbereitung einer Wallfahrt zum Grab des Apostels Jakobus, die von den Jugendlichen der Katholischen Aktion während des Heiligen Jahres von Santiago de Compostela 1948 organisiert wurde, wurde der erste *Cursillo* ausgerufen. Dieser fand vom 7. bis zum 10. Januar 1949 im Kloster *Santuari de Sant Honorat* auf dem Berg *Randa* statt.

Cursillo bedeutet soviel wie kleiner Kurs. Er dient der Erneuerung christlichen Lebens. Die Angebote der *Cursillo*-Häuser als Pilgerherberge bilden wichtige Programmelemente.

In der Gruppe der Initiatoren der *Cursillos* ragt *Eduardo Bonnín Aguiló* (1917–2008) hervor, sowie einige Seelsorger, darunter der damalige Bischof von Mallorca, *Juan Hervás y Benet* (1905–1982), der es verstand, das Anwachsen der Bewegung mit väterlicher Sorge zu begleiten, und Monsignore *Sebastián Gayá Riera* (1913–2007).

Gegenwärtig gibt es solche Häuser in Deutschland, Österreich und am Jakobsweg. Weitere Informationen unter der Internet-Adresse: www.cursillo.de

Joan Bestard Comas: Sozialwissenschaftler und Tourismus-Seelsorger von Mallorca

Lloseta, ein kleines Städtchen an der Bahnlinie von **Palma de Mallorca** nach **Inca**. Nicht so bekannt wie die Urlaubszentren der Mittelmeerinsel, aber dennoch nicht unbedeutend: Denn es beherbergt die älteste Mallorca-Ikone (Madonnenbild) und ist Geburtsort von *Dr. Joan Bestard,* dem früheren Generalvikar von Mallorca, Domkapitular für die Kathedrale in Palma und heutigen Tourismus-Seelsorger. Im Jahre 2005 konnte der mallorquinische Geistliche mit verschiedenen Universitätsabschlüssen ein kleines Jubiläum feiern: Denn 40 Jahre lang kam er als Urlaubsvertretung nach Deutschland – davon 28 Jahre nach Köln und 12 Jahre nach Karlsruhe. In der badischen Metropole hat er u.a. die Texte zu seinem in Spanien viel beachteten Buch *Ich glaube an den Menschen*

größtenteils auf dem Laptop erstellt. Die Seelsorge am Menschen in seiner ganzen Ausgeprägtheit ist sowieso Bestandteil seines priesterlichen Wirkens. Schon als er am 20. Juni 1965 in Palma zum Priester geweiht wurde, lagen ihm die Urlaubsreisenden am Herzen. Er gründete im Priesterseminar eine Deutsch-Akademie, die zum festen Bestandteil im Austausch von Priestern nach Deutschland wurde. Neben seinen Studienjahren in Rom, wo er sich den Sozialwissenschaften widmete, war er u.a. 13 Jahre lang Generalvikar von Mallorca. Von 1999 bis 2002 arbeitete er in Rom an seiner Dissertation, die das Thema *Wirtschaftliche Globalisierung und ihre Auswirkungen auf die Länder der Dritten Welt* zum Inhalt hatte. Und eben beim Durcharbeiten der vielen

Bände der UNO über die menschliche Entwicklung stellte er Erstaunliches fest: Irgendwoher kam ihm der Sprachduktus bekannt vor. „Hier wurden viele Elemente aus der christlichen Soziallehre – wie die Enzyklika von 1967 – übernommen, ohne sie zu zitieren. Dass die Weltorganisation diese in ihre alljährlichen Berichte aufnahm, war erstaunlich. Da lohnt es sich, ein Katholik zu sein", sagte mir Joan Bestard persönlich. Sein jüngstes Buch *Diez Valores Éticos – Zehn ethische Grundwerte* ist im Jahre 2007 auch in Deutschland erschienen.

Gegenwärtig ist der mallorquinische Vollblutgeistliche verantwortlich im Domkapitel für den Bau und die Restaurierung der **Kathedrale von Mallorca**. Zusätzlich nimmt er die Aufgaben als Diözesanbeauftragter für Tourismusseelsorge wahr. „Sukzessive werden wir Informationen für alle mallorquinische Pfarreien erarbeiten, damit auch ausländische Gäste in ihrer Muttersprache den kirchlichen Festen wie Taufe, Hochzeiten beiwohnen können", so *Bestard*. Dass der mallorquinische Professor Befürworter des Ausbaus des öffentlichen Personennahverkehrs mit den Bahnen ist, versteht sich von selbst. Und die Fahrt mit der Nostalgie-Bahn ‚Roter Blitz' von Palma nach Sóller sei „ein Traum".

Die Kathedrale und ein Verweilplatz

Nordroute

Escorca, Kloster Lluc, Pollenca, Alcudia, Sankt Martin, Arta

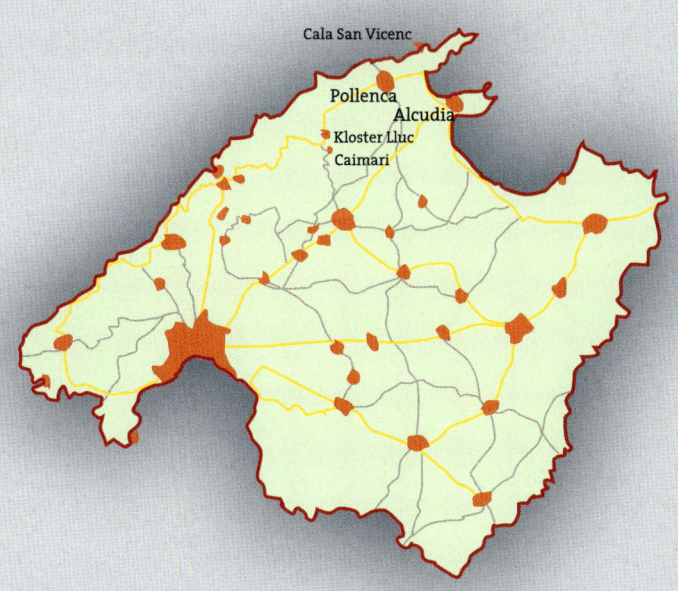

Vom größten Heiligtum zu Ermitas im Norden

Im Jahre 2009 jährt sich zum 125. Mal der Tag, an dem Papst Leo XIII. den Ort zum Heiligtum erhoben hat. Nicht nur mit diesem Datum wird die historische Dimension des christlichen Inselheiligtums verdeutlicht. Es ist auch die kleine Kommune *Escorca*, unweit davon. Denn selten kommt es vor, dass ein Bürgermeisteramt einer Gemeinde in einem Kloster untergebracht ist. Hier in der Bergwelt ist das aber so: Vom *Kloster Lluc* aus werden die derzeit 290 Einwohner von *Escorca* (Stand 2007) verwaltet. Nach mallorquinischen Berichten spricht man deswegen von einem „Modell für das Arrangement von Himmel und Erde, von Gemeinwesen und Religionsgemeinschaft".

Meditative Einstimmung auf den Pilgerweg von Selva über Caimari nach Lluc

Einen wunderschönen, ja meditativen Einstieg bietet die Präsentation des Cami Vell de Lluc (etwa 10 Minuten) auf der Internet-Seite: www.lluc.net/cat Rubrik: *Lucus, El Bosc* von *Selva* über **Caimari**. Die Autoren *Andreu Magraner, Llorenc Soler* und *Rafel Pinya* haben zu winterlichen Impressionen das „Ave Maria" von Maria Callas unterlegt. Die stimmungsvollen Bilder von verschneiten Dörfern und Bergeshöhen lassen nicht nur in der Adventszeit ein Stück weit die Zeit von Stille medial erspüren.

Escorca

Die kleine *Pfarrkirche San Pedro* (Einsiedelei) ist die älteste aller Landpfarrkirchen. Es handelt sich um ein Beispiel der Architektur der primitiven Gotik. Um die Mitte des 14. Jahrhunderts wurde die Pfarrei von *Escorca* dem Kollegium der *Nuestra Senora de Lluc* übertragen, und das alte Kirchlein blieb bis heute ein einfaches, kleines Heiligtum, von dem alles ausging. Heute ist es in privater Hand und wird jeden 29. Juni für den Gottesdienst geöffnet.

Kloster Lluc

Das Kloster *(Monasteri de Lluc)* ist das geistige und spirituelle Zentrum von Mallorca. Es ist auch ein Pilgerort, der mit seiner landschaftlichen Schönheit, atemberaubenden Bergmassiven und ausgedehnten Steineichenwäldern zum Wandern einlädt.

Das Kloster ist auch Sitz des Chores *Blauets*, dem ältesten Knabenchor der Insel. Neben einem Museum mit großer Münzsammlung, Heiligenbildern, einer Keramikausstellung und interessanten prähistorischen Stücken, sowie einer ethnologischen Sammlung, die der Künstler *Coll Bardolet* zusammengestellt hat, ist das Heiligtum auch ein Kulturzentrum.

Kloster Lluc, Basilika, Hauptportal

Mit dem Bau des Klosters wurde im 17. Jahrhundert bei einer prähistorischen Siedlung begonnen. Aufgrund der etymologischen Bedeutung des umgebenden Steineichenwalds wurde das Kloster als „heiliger Ort" bezeichnet. Lluc

Kloster Lluc in einem Stich von 1897 aus dem Werk „Die Balearen" von Erzherzog Ludwig Salvator.

kommt vom lateinischen Wort ‚lucus‘, was soviel wie „Wald" bedeutet; weitere historische Schreibweisen: Al-luc, luc, luch, lluch.

Kurze Historie

Wohl kein anderer als der große Dichter *Costa i Llobera* hat in seiner „Hymne an die Pilger" im Jahre 1883 die einzigartige Lage des Heiligtums so trefflich beschrieben: „Im Herzen seiner Berge hütet Mallorca einen Schatz."

Legende von der Schwarzen Madonna

Nach der Legende fand ein christlicher Hirtenjunge namens *Lluc*, dessen muslimische Eltern zum Christentum übergetreten waren, in einem Bachlauf eine dunkle Marienstatue. Er brachte sie in die nächstgelegene Kirche *Sant Pere d´Escorca*. Von dort verschwand sie zweimal und wurde jeweils wieder am ursprünglichen Fundort entdeckt. Dem offensichtlichen Wunsche der Madonna folgend, errichtete man ihr dann genau an der heutigen Stelle der Kapelle das Gotteshaus. Das Bildnis der Mutter Gottes *Mare de Déu de Lluc* (die schwarze Jungfrau) wurde schon 1420 in einem Inventarverzeichnis erwähnt.

Diese unvergleichliche Lage muss auch *Gustave Doré* (1832–1883), den französischen Illustrator der Weltliteratur, inspiriert haben, als er im 19. Jahrhundert nach Lluc kam, um Landschaftsskizzen für Dantes 'Fegefeuer' zu entwerfen. Hier hatte er alle Extreme von „Paradies und Hölle": das nicht weit entfernt liegende Meer, die wild zerklüftete Bergwelt der *Sierra de Tramuntana* und das lieblich sich öffnende weite *Aubarca-Tal*.

Der Weg nach **Lluc** – sowohl von **Caimari, Sóller** als auch von **Pollenca** – war in den Anfängen mit vielen Strapazen verbunden. Hinweise auf alte Eselspfade lassen sich in Dokumenten auf das Jahr 1340 datieren. Die erste Landstraße wurde 1891 von **Caimari** aus eröffnet. Am Wegesrand des am häufigsten benützten Pilgerweges von **Caimari** sind große Steinmedaillons zu finden, die die *sieben Lobgesänge zu Ehren der Jungfrau Maria* darstellen. Aus Schriftstücken der Jahre 1399/1400 geht hervor, dass das erste Medaillon von *Miquel Cosquell* und *Pere Mercol* in Stein gemeißelt wurde. Neben einzelnen

Szenen wie *Schlaf der Jungfrau* war auf dem Kapitell sowohl das königliche Wappen als auch das Wappen Mallorcas eingemeißelt. Interessant ist ein Stich aus dem 16. Jahrhundert, weil auf ihm neben dem Wegeverlauf und den dargestellten sieben Medaillons auch die Pilger-Raststelle *Barracar* (etwa auf der Hälfte des Weges) angedeutet ist. Daran hat sich bis zum heutigen Tage nichts geändert: Es ist ein beliebter Platz zum Ausruhen und um neue Kräfte für den Aufstieg zu mobilisieren.

Die Geschichte des Klosters beginnt mit der kleinen Kapelle *Santa Maria de Lluc,* die schon 1247 urkundlich erwähnt wird. Den ersten schriftlichen Beleg über die Pilger, die nachts vor dem Bildnis der schwarzen Muttergottes *(Sa Moreneta)* beteten, ist ein Pergament vom 28. September 1273.

Die Zahl der Gläubigen wie die der Pilger nahm rasch zu. Quellenangaben zufolge sollen sogar Pilger von den benachbarten Inseln Menorca und Ibiza, später sogar noch aus dem Gebiet um Valencia und Sardinien in die Berge gekommen sein.

Aufgrund dieser Bedeutung war bald klar, dass die Betreuung der Pilger verwaltungstechnisch geregelt werden sollte. Dieses Vorhaben unterstützte *Tomas Thomás,* ein Adliger im Dienste von *König Alfons V. von Aragonien. Thomás* schenkte das der Kapelle angrenzende Landgut dem Klerus mit dem Ansinnen, dort ein Priorat bzw. ein Priesterseminar zu errichten, das 1456 durch den Bischof gegründet und durch die Bulle von Papst Clemens III. bestätigt wurde. *Thomás Sohn Balthasar* vermachte sein Vermögen dem Heiligtum von **Lluc** mit der Auflage, sein Wappen in Marmor über dem Hauptportal der Kirche anzubringen. Seit die-

Kloster Lluc, Außenbereich

ser Zeit ist es auch das Wappen des Priorats. Zu sehen ist es über dem Hauptportal der heutigen Basilika.

Eine bedeutende Persönlichkeit im 16. Jahrhundert war der damalige Prior *Gabriel Vaquer i Vicens*. Er war es auch, der dafür sorgte, dass der weltberühmte Knabenchor *Blaets* mit seinen blauen Soutanen, ins Leben gerufen werden konnte. Mit der päpstlichen Bulle von 1531 wurde die Gründung bestätigt. Die jungen Sänger und Sängerinnen des wohl ältesten Chores Europas bringen heute ihre Lobgesänge der heiligen Maria täglich um 11.15 Uhr und sonntags um 11 Uhr zu Gehör.

Durch den anhaltenden Pilgerstrom wurden Unterkünfte samt ihren Reittieren notwendig. Dafür stellten Personen aus **Caimari** ihr Land zur Verfügung oder mussten es zu Gunsten der Laienbruderschaft abtreten. Die einstige spartanische Pilgerherberge ist im heutigen Bogengang *Els Porxets* noch zu sehen. Die Pilger des 21. Jahrhunderts können in der modernen Herberge im Innern des Klosters übernachten.

Die schwarze Muttergottes

Hunderttausende von Pilgern haben schon vor der Statue der schwarzen Muttergottes (Sa Moreneta) inne gehalten und gebetet. Wie tief beeindruckt Menschen sind, mag stellvertretend für viele der karibische Maler *Nury de Espinal*, **Santiago**, Dominikanische Republik, verdeutlichen, der schreibt: „*Ihr Hals und ihre Kleidung zogen mich an ... Ihre Augen schienen nicht aus Stein, und ihre Locken, ihr Zopf, frisch gekämmtes Haar gleich, erinnerten mich an viele der Bäuerinnen in meiner Heimat, die sich für den Sonntag-nachmittag fein gemacht hatten ... Ich zeichnete weiter an meinen Bildern ... und plötzlich verstand ich, worin das Geheimnis ihres Ausdrucks lag: Es war ihr Lächeln, ein undeutliches Lächeln, das man nur erriet ... Ich dachte, wenn ich mit einigen Strichen den schönen Ausdruck ihres Lächelns festhalten könnte, dann wäre die Schlacht gewonnen ... ob es mir gelungen ist? Ich weiß es nicht, aber ich bin mir ganz sicher, dass sich mir die Jungfrau von Lluc, die Schutzpatronin der Mallorquiner, für immer eingeprägt hat.*"

Der Lobgesang „Sibylle"

Der Name des prophetischen Gesanges geht zurück auf die sibyllinischen Orakel aus der griechischen und römischen Mythologie, im Besonderen auf die Legende um die *Sibylle von Tibur* zu Zeiten des *Kaisers Augustus*. Nach dieser Legende weissagte die *Sibylle* dem römischen Kaiser die Geburt Jesu. Der Gesang der Sibylle hat sich allein auf **Mallorca** und in **Algero** auf Sardinien ununterbrochen bis heute erhalten.

Der weihnachtliche Brauch, den Gesang darzubieten, kam mit der Eroberung durch *Jaime I.* nach Mallorca. Seitdem ist der *Cant de la Sibilla* dort nahezu ununterbrochen am Heiligen Abend vorgetragen worden. Bis heute blieb er auch das weihnachtliche Symbol der Baleareninsel und gehört offiziell zum historischen Kulturgut Mallorcas.

Voll ergreifend ist der uralte Gesang aus dem Mittelalter in den Christmetten der Heiligen Nacht. Sowohl in der Kathedrale in **Palma** als auch im Kloster Lluc. Der Gesang der Sibylle ertönt im Heiligtum in den Bergen in der Heiligen Nacht und wird von einem Mitglied der *Blavets* mit engelhafter Stimme gesungen.

Mit der Zunahme der Pilger wurde auch der Bau einer neuen Kirche mit dem weiträumigen Gebäude konzipiert. Die im Renaissance-Stil in Form eines römischen Kreuzes angelegte Kirche mit Kreuzgewölbe und Kuppel wurde von *Jaume Blanquer* entworfen. Der Künstler hat auch das Retabel *Corpus Christi* in der Kathedrale von **Palma** geschaffen. Im September 1622 wurde der Grundstein gelegt, und ein Jahr später konnte die Hauptkapelle eingeweiht werden. Endgültig fertig gestellt wurde die Kirche allerdings erst im Jahre 1684. *Kronprinz Karl III. von Österreich* verlieh der Kirche 1707 wegen ihrer Schönheit den Namen *Königliche Kapelle* und das Recht, das königliche Wappen zu tragen. Mit weiteren Verzierungen im 18. Jahrhundert wurde die Kirche schließlich zum *Goldenen Haus*, das der große Förderer *Bischof Joan Campins* am 17. Juli 1914 einweihen konnte. Im Jahre 1962 verlieh ihr *Papst Johannes XXIII.* den Titel *Basilica menor*.

Über das Alter der Statue ist viel gerätselt worden. Manche halten sie für die ursprüngliche, also aus dem 13. Jahrhundert stammende und im Inventarium von 1417 vermerkte Statue. Andere meinen, dass die schwarze Muttergottes durch eine andere aus dem 15. Jahrhundert ersetzt wurde. In einem feierlichen Pontifikalamt vom 27. Juni 1884 wurde der Statue durch das päpstliche Edikt eine goldene Krone aufgesetzt; am 10. August 1884 erhielt sie den päpstlichen Segen.

Unvergleichlich schöne Umgebung

Der Eingang zum Klosterkomplex befindet sich am Platz *Plaça dels Peregrins,* wo es wunderschöne Gärten und Arkadengänge gibt. Empfehlenswert ist es, die Zimmer in der modernen Herberge rechtzeitig zu reservieren, da eine große Nachfrage herrscht. Telefon: 00 34/ 971 871 525.

Öffnungszeiten: Tägliche von 10 Uhr bis 13.30 Uhr und von 14.30 bis 17.30 Uhr. Internet-Adresse: www.lluc.net/cat/index.html

Botanischer Garten

Der Garten basiert auf dem 1956 gestalteten Areal zur Meditation. Zu Beginn der 80er Jahre wurde er schließlich mit Hilfe von *Macià Ripoll,* Missionar des Ordens vom Heiligen Herzen und weiterer Helfern aus **Esporles**, einer Gruppe der *Blavets* und weiterer Freunden des Klosters umgestaltet. Auf dem Weg zum Fußballplatz befinden sich heute in dem Ruhe ausstrahlenden Garten etwa 200 Pflanzen und Nischen für die stille Einkehr. Des Weiteren gibt es medizinische Kräuterpflanzen, kleine Bachläufe und Bäume aus verschiedenen Regionen des Mittelmeerraumes. Die Öffnungszeiten: 10 bis 13 Uhr und von 15 bis 18 Uhr. Der Eintritt ist frei.

Pilgerrouten

Rund ums Kloster:

Kreuzweg *Els Misteris* und das Steinkamel *Es Camell*

Wanderung, Kreuzweg: Direkt von der Basilika führt ein Weg bergan zum weithin sichtbaren Kreuz. Von dort oben hat der Pilger eine schöne Aussicht über den Klosterkomplex und die Bergwelt rund um Lluc.

Anforderung und Zeitbedarf: Leichte Wegführung; etwa eine halbe Stunde (hin und zurück);

Wanderung, Steinkamel: Vom Kloster führt eine kleine Teerstraße (neben der Landstraße PM-214), in östlicher Richtung, die zu einem Fußballplatz führt. Dieser wird schräg überquert. Danach folgt der Weg dem Bachbett (rechts entlang) und der Überquerung einer Brücke. Der in Stufen angelegte Weg verläuft nun aufwärts und erreicht nach wenigen Minuten die Abzweigung nach *Es Camell*. Von hier sind es etwa 100 Meter bis zur sehenswerten Natur-Felsformation des „Kamels".

Anforderung und Zeitbedarf: Leichte Wegführung. Etwa eine Stunde (hin und zurück).

Alte Pilgerwege von Caimari nach Lluc und von Lluc nach Pollenca

Allgemeines

Für beide wieder restaurierten Pilgerpfade ist eine gute Kondition erforderlich. Für die gesamten Wegstrecken sollte – Pausen eingerechnet –, jeweils ein Tag veranschlagt werden. Der Lluc-Pilger kann selbstverständlich auch Teilstrecken wählen.

Vorschläge

a) Von Lluc nach Caimari

(empfohlener Pilgerweg)

Wanderung: Vom großen Kloster-Parkplatz geht es rechts am Picknickplatz vorbei in Richtung Quelle *Font Coberta*. Hier beginnt ein geteerter Weg, der zum Pass *Coll de sa Batalla* (parallel zur Straße PM-213) führt. Nach einem kurzen Stück an der Hauptstraße geht der Weg über in einen Fahrweg, der weiter hinabführt.

Vorbei geht es an den Punkten *Sa Bretxa Vella* und der Felswand *Salt de la Bella Dona* (etwa 630 Meter hoch). Der Pilger befindet sich jetzt auf dem Teilstück des *Weitwanderweges GR Arta-Lluc*. Dem normalen Verlauf des Weges weiterführend (zuvor zweimalige Straßenüberquerung) kommt der Pilger den Serpentinen folgend vorbei am Weiler *Es Barracar* und zu den Häusern *Son Canta*. Von hier aus führt der Weg nach etwa 500 Metern durch Überquerung der Straße (nach links), und nach dem Aussichtpunkt *Cavalt Bernat*

Kleine Geschichten um Bretxa Vella

Beim Abstieg von Lluc nach Caimari kommt der Pilger auch am Punkt *Bretxa Vella* (Alte Spalte) vorbei. Eine Gedenktafel am Wege erinnert noch heute an einen Arbeiter, der bei Sprengarbeiten für die Bergstraße ums Leben kam. Eine andere Geschichte berichtet von einem Mann, der seine Frau hier in die Tiefe stürzte. Als dieser jedoch im Heiligtum ankam, fand er seine Frau betend und unversehrt in der Kapelle vor. Der böse Mann soll alles bereut haben und sei fortan geläutert gewesen.

geht es auf dem gepflasterten Pilgerweg in das Dorf **Caimari**.

Anforderungen und Zeitbedarf: mittelschwer; etwa vier Stunden, etwa acht Kilometer (nur eine Richtung, bergab); für den Pilgerweg von **Caimari** nach **Lluc** sind gut fünf Stunden einzuplanen;

Einkehrmöglichkeiten: In **Caimari**/ Picknickplätze;

Kartenmaterial: Mallorca Tramuntana Nord 1:25 000, **Editorial Alpina**;

Anfahrt: Wer in der Herberge in **Lluc** übernachtet, kann sich nach der Wanderung mit dem Bus von **Caimari** aus wieder nach **Lluc** bringen lassen (vorher bitte über die An- und Abfahrtszeiten der Busse von Caimari/Lluc – wie umgekehrt – genau informieren).

Besonderheit: Es ist auch möglich, den Wegverlauf von **Caimari** nach **Lluc** zu nehmen. Dazu müsste der Auto-Pilger den eigenen Wagen in **Caimari** stehen lassen und bergwärts pilgern.

b) Von Lluc nach Pollenca

Tour in Kürze

Wanderung: Ausgangspunkt ist der große Parkplatz beim Kloster. Von hier geht es in östlicher Richtung auf dem ausgeschilderten Weitwanderweg GR 221 nach **Pollenca**. Vorbei geht es an der *Mühle von Lluc (Moli de Lluc)* zur Berghütte *Son Amer,* dann rechts bis zum Kilometer 19,7, wo der eigentliche GR 221 beginnt. Der Weg führt durch Steineichenwälder (bei einer Sommertour angenehm) vorbei an **Coll Pelat** und der Wasserabfüllanlage von **Binifaldó**. Der alte Pilgerweg führt danach zum Bauernhof *Muntanya* und bis zur gleichnamigen Quelle *Font de Muntanya* (gute Rastmöglichkeit). Der Pfad führt dann steil nach unten, bis er auf den geteerten Weg bei *Ca l´Herevet* allmählich an die Hauptstraße C-710 heranführt. Quasi parallel zur Straße verläuft danach der Weg bis zum Ortseingang von **Pollenca**.

Alternative: Wanderung von **Lluc** bis **Ca l´Herevet** (ungefähr die halbe Pilgerwegstrecke);

Anforderungen und Zeitbedarf: leicht; etwa fünf Stunden, etwa zehn Kilometer (nur eine Richtung, bergab).

Einkehrmöglichkeiten: In **Pollenca**/ Picknickplatz an der Quelle *Font de Muntanya;*

Kartenmaterial: Mallorca Tramuntana Nord 1:25 000, *Editorial Alpina;*

Anfahrt: Wer in der Herberge in **Lluc** übernachtet, kann sich nach der Wanderung mit dem Bus von **Pollenca** *(Carrer S´Hort)*, Haltestelle außerhalb des Kreisels **Palma/ Port de Pollenca** wieder nach **Lluc** bringen lassen (vorher bitte über die An- und Abfahrtszeiten der Busse von **Pollenca/Lluc** – wie umgekehrt – genau informieren).

Pollenca

Das Landstädtchen hoch im Norden (16 000 Einwohner, Stand 2007) mit seinem weithin sichtbaren Klosterberg **Puig de Maria** wird auch als die „römische Stadt" bezeichnet, obwohl dieses Attri-

but so nicht stimmt. Zwar geht die Gründung auf die Römer zurück, aber das Städtchen ist alles andere als römisch anzusehen. Sehenswert ist **Pollenca** u. a. wegen der römischen Brücke über den **Torrente**, der in den ersten Jahrhunderten v. Chr. der Wasserversorgung der Stadt **Pollentia (Alcudia)** diente. Seit 1967 steht die Brücke unter Denkmalschutz. Neben den römischen Relikten bilden die religiösen Vermächtnisse die Fundamente dieser quirligen Stadt. So besitzt **Pollen-**

> **T I P P**
>
> **Römische Siedlungsreste von „Pollèntia"**
>
> Die Stadt **Pollenca** darf auch nicht verwechselt werden mit **Pollentia (Pol.lèntia)**, das zwischen dem heutigen **Alcudia** und **Port Alcudia** angesiedelt wurde. Mit den zu besichtigenden römischen Siedlungsresten war **Pollentia** die einzige Stadt des Römischen Reiches auf den Balearen. Die Ausgrabungen von **Pol.lèntia** begannen um 1920 und werden laufend fortgesetzt. Der für die Touristen zugängliche Teil umfasst Stadtmauerreste, Ruinen von mehreren Wohnräumen und eine Straße mit Säulengang. Der Eingang von **Pol.lèntia** befindet sich in **Sa Portella**, einem Stadtviertel im Nordwesten von **Alcúdia**.
>
> **Öffnungszeiten** (Stand 2008): Sommer: Dienstag bis Sonntag 9.20 - 20.30 Uhr; Montag und Feiertage geschlossen.

ca mehrere Kirchen und Klöster. Für einen Stadtrundgang und die kleine Pilgerwanderung auf dem **Puig de Maria** sollte schon ein Tag eingeplant werden.

Plaza de la Amonia

Beginnen könnte ein Stadtrundgang am Platz für die Armen. Hier soll in den ersten christlichen Jahrhunderten an die Armen des Ortes Getreide, Brot und Mehl verteilt worden sein. Der Platz ist auch nach der Überlieferung die Stelle, an der einst der später heilig gesprochene *Vicente Ferrer* gepredigt haben soll. Sehenswert ist der Brunnen *Font del Gall,* benannt nach dem Hahn, der den Brunnen als Abschluss-Skulptur krönt. Der Hahn ist das Symbol im Wappen der Stadt *Pollenca.*

Pfarrkirche Nostra Senyora dels Angels

Die Pfarrkirche im griechisch-römischen Stil mit barocker Innenausstattung stammt aus dem 18. Jahrhundert. Bereits im Jahre 1248 wird sie in der Bulle von Papst Innozenz IV. erwähnt und dürfte somit zu den ältesten Pfarrkirchen der Insel zählen. Der Barockaltar aus dem Jahre 1754 wurde nach der Vertreibung der Jesuiten 1767 aus der *Kirche Montesion* hierher verbracht. Neben historischen Grabmälern kann der Besucher 14 großformatige Bilder betrachten. Diese wurden zu Beginn des 20. Jahrhunderts vom argentinischen Maler *Atilio Boveri,* dem Spanier *Joaquín Tudela* und dem Deutschen *Eugen Mosgraber* gemalt und stellen den Leidensweg Christi dar. Der Glockenturm erhebt sich auf einem alten Wehrturm des 15. Jahrhunderts.

Kloster Convent de Sant Domingo

Der Bau des Klosters wurde von den Dominikanern 1616 fertig gestellt. Auffallend ist der eigenwillige Stil gegenüber der damaligen Architektur. Heute bildet das einstige Kloster die Kulisse für vielfältige kulturelle Veranstaltungen, etwa Musikfestspiele.

Kirche Nostra Senyora del Roser

Sehenswert ist der barocke Hauptaltar von *Juan A. Homs* aus dem Jahre 1651; in dessen Mitte ein Madonnenbildnis *Roser Vell* (Rosen-

stock), eine Schnitzarbeit aus dem 13./14. Jahrhundert. In der Kirche befindet sich auch die Grabstätte von *Joan Mas* (1520–1607), der im Kampf gegen die Piraten als Verteidiger von **Pollenca** in die Geschichte der Stadt einging. Ein einzigartiges Juwel der Orgelbaukunst aus dem 18. Jahrhundert ist die vom valenzianischen Orgelbauer *Luis Navarro* 1732 geschaffene Barockorgel.

Kirche Montesion

Die Kirche wurde von den Jesuiten errichtet und 1738 fertig gestellt. Sehenswert sind kunstvolle Medaillons mit entsprechenden Malereien. Der große mallorquinische Dichter, Pfarrer und Sohn von **Pollenca**, *Costa i Llobera* (1854–1922), restaurierte zusammen mit anderen von 1891 an für etwa ein Jahrhundert die verlassene Kirche. Von 1905 bis 1982 war die Kirche im Besitz der Theatinermönche.

Geburtshaus von Costa i Llobera

In der gleichnamigen Straße *Costa i Llobera* befindet sich am Haus Nummer 9 eine große Gedenktafel. Im Gebäude können Dokumente aus dem Leben und Werk des Dichters besichtigt werden.

Kirche Sankt Georg (Sant Jordi)

Die Fassade mit Rosette und das Portal sind in spätgotischem Stil erbaut. Früher war das Gotteshaus Zufluchtsort schon während der Maurenüberfälle und spielte bei *Joan Mas* im Jahre 1550 eine wichtige Rolle. Im Hauptaltar wird eine kleine Figur der *Jungfrau des Meeres* verehrt, die nach der Überlieferung 1605 in **Ariant** gefunden wurde.

Das Gebäude war zudem Herberge und Kloster der Ordensfrauen der Caritas. Jetzt ist es ein Gemeindehaus.

Kalvarienberg

Der Kalvarienberg ist ein Hügel, auf den man über 365 Stufen gelangt. Der Weg, der neben dem Rathaus beginnt, ist links und rechts von Zypressen und meter-

Legende vom Licht und der Hostie

Die Licht-Legende besagt, dass drei Einsiedlerinnen Mitte des 14. Jahrhunderts einen hellen Schein gesehen haben sollen. Als sie sich diesem näherten, stellte er sich als eine Erscheinung der Jungfrau heraus. Sie teilten dies gleich ihrem Beichtvater mit, der zusammen mit einer großen Menschenmenge auf den Berg stieg. Dort fanden sie die bis heute verehrte Statue der heiligen Jungfrau. Beschlossen wurde, diese Statue hinunter in die Stadt zu bringen. Doch das außerordentliche Gewicht ließ es nicht zu, sie mit Menschenkräften zu bewegen. Deshalb wurde beschlossen, an der Fundstelle eine Kirche zu errichten. Zunächst wurde ein provisorischer Altar erbaut. Während der ersten Messfeier fiel nun im Moment der Erhebung dem Priester die Hostie aus der Hand und beschrieb einen Kreis in der Luft. Das wurde nun als Fingerzeig gedeutet: Es sollte die Raumbegrenzung für die neue Kirche darstellen, und deshalb wurde sie danach auch so errichtet. Das Wunder ist an den Seitenwänden des Hochaltars bildlich dargstellt: Die erstaunte Menge breitet ihre Kleider aus, damit die Hostie nicht auf den Boden fällt.

hohen alten Kreuzen gesäumt. Das Kirchlein auf dem Berge stammt aus dem 18. Jahrhundert und weist neoklassizistische Einflüsse auf, die auf *Kardinal Despuig (Kloster Lluc)* zurückzuführen sind. Die Kapelle wurde in den 60er Jahren des letzten Jahrhunderts neogotisch restauriert. Das Standbild der *Mutter Gottes vom Fuße des Kreuzes* stammt aus dem 13./14. Jahrhundert. Es soll von einer schiffbrüchigen Mannschaft als Dank für das Überleben dorthin gebracht worden sein.

Die grandiose Aussicht steht dem noch höheren Punkt auf dem **Puig de Maria** in nichts nach.

Sanktuarium Puig de Maria

Einzigartig macht die Stadt der Hausberg **Puig de Maria** mit seinem Heiligtum. Dort befindet sich auf einer Höhe von 330 Metern ein Kloster. Kapelle, Speisesaal, Turm und Mauerwerk wurden zwischen Ende des 14. und 15. Jahrhunderts überwiegend im gotischen Stil erbaut. Der Speisesaal ist einer der eindruckvollsten Mallorcas. Die einschiffige Kirche bewahrt eine volkstümliche Marienfigur aus dem 14. Jahrhundert. Überliefert ist die Geschichte, dass diese Marienfigur *Peu de la Creu* von Fischern in der nahe gelegenen Bucht **Sant Vicenç** gefunden wurde.

Faktisch wurde mit dem Bau der Kirche durch die Erlaubnis des Bischofs von Mallorca im Jahre 1348 begonnen. Gleichzeitig ordnete der König den Bau eines Klosters an. Dieses Kloster wurde ursprünglich von den Nonnen des Ordens von Sankt Peter bewohnt. Das ehemals bedeutende Kloster war über lange Zeit hin verlassen; Einsiedler, Laienpriester und Nonnen haben es bewohnt. Ein Steinpflasterweg aus dem 17. Jahrhundert ist noch erhalten geblieben.

Tour in Kürze

Wanderung: Ausgangspunkt ist die Pfarrkirche. Von dort geht es an den Straßen *Carrer d´Antoni Maura* und *Carrer de Guillem Cifre de Colonya* vorbei. Nach der Überquerung der Landstraße PM-220 führt der Weg durch den Wald auf einer geteerten Fahrstraße in Serpentinen bergan. Die restlichen etwa 400 Meter läuft man auf einem gepflasterten Weg, der zum Vorplatz des Klosters führt. Die

Sicht ist einzigartig und der Blick lässt zur gezackten Bergwelt von **Formentor** schweifen.

Anforderungen und Zeitbedarf: leicht; etwa 2 Stunden (hin und zurück).

Einkehrmöglichkeiten: Lokal auf dem **Puig de Maria**/Picknickplatz;

Kartenmaterial: Mallorca Tramuntana Nord 1:25 000, *Editorial Alpina*.

Anfahrt: Bus nach **Pollenca** (bitte vorher aktuelle An- und Abfahrtszeiten der Busse von und nach Pollenca genau erfragen).

Umgebung von Pollenca

Die prähistorischen Höhlen von Sant Vicenc

Die Höhlen liegen im öffentlichen Park am Ortseingang von **Sant Vicenc** in der Siedlung *Los Encinares*. Hier befindet sich eine Anzahl von Grabhöhlen aus der Bronzezeit des Mittelmeerraumes. Eines der interessantesten Gräberfelder seiner Art ist die Höhle mit der Nummer 7. Die unter Denkmalschutz stehende Nekropole wird auf etwa 3500 Jahre datiert.

Anfahrt/Weg: Mit dem Bus von **Pollenca** nach **Sant Vicenc**, oder zu Fuß (etwa 1,5 Stunden für den Hinweg).

Puerto de Pollenca

Das kleine Fischerdorf mit Jachthafen und schönem Sandstrand ist auch für den Pilger einen Abstecher wert. Die Pfarrkirche *Nuestra Senyora del Carmen* aus dem Jahre 1934 ist nach einem Entwurf von *José de Oleza*, einem der bedeutendsten Architekten religiöser Bauwerke, gebaut worden.

Alcudia und der Yachthafen

Prähistorische Säule in Alcudia

Alcudia

Die Touristenhochburg, das Pendant zu **Palma**, zählt heute 16 000 Einwohner (Stand 2008). Die kilometerlangen Einkaufsstraßen sind bei den Touristen sehr gefragt. Neben der großen Befestigungsanlage (Stadtmauer) und dem Archäologischen Museum ist die **Pfarrkirche San Jaime** sehenswert. Für den religiösen Pilger ist es aber die Umgebung, die **Alcudia** zu einer besonderen Perle im Norden macht: die Höhlenkapellen von *Sankt Martin* und das Heiligtum *Sankt Victoria*.

Kapelle de Santa Ana

Die ersten christlichen Siedler bauten die Kapelle direkt angrenzend zu den Ruinen von **Pollentia**. Ihr Stil ist gotisch, was durch den Spitzbogen des Portals der Hauptfassade und die Bögen des Innenraums belegt ist. Die Kapelle ist der *Jungfrau von Bonanova* geweiht.

Die Höhlenkapellen von Sankt Martin

Nahe der Bucht von **Alcudia** erhebt sich ein kleiner, nahezu kahler Höhenzug, der **Puig de Sant Marti** (266 Meter hoch). An ihm vorbei kommt man, wenn man mit dem

Höhlen von San Marti, Alter Stich

Auto auf der C713 die autobahn-ähnliche Abzweigung *(Les Tires Velles)* in Richtung *Lago Esperanza* nimmt. Ungefähr auf halbem Wege befinden sich *Santuari San Marti* und die *Cova de Sant Marti*. In den Höhlen von Sankt Martin haben sich einst die Christen der alten römischen Kolonie **Pollentia** zur Zeit ihrer Verfolgung versammelt. In dieser Zeit sind zwei Kapellen errichtet worden, wovon die eine dem heiligen *Martin von Tours* und die andere dem heiligen *Georg (San Jorge),* dem Patron von Aragon, geweiht wurden. Die kleine Sankt Martinskapelle soll

Legenden: Sieg über die Mauren und die Stadt-belagerung

Die Jungfrau soll den Bewohnern von **Alcudia** geholfen haben, sich gegen die Mauren erfolgreich zu wehren, als diese am Strand gelandet waren und in das Heiligtum eindrangen.
Ebenso schreibt man der Jungfrau den Dank zu, dass mit einer Offenbarung an den Pater Antonio de Avila ein glänzender Sieg über die belagerte Stadt durch die Soldaten Karls V. gelungen sei.

in der ersten Hälfte des 14. Jahrhunderts erbaut worden sein, während der Bau von St. Georg im Jahre 1632 erfolgte. Brauch war es geworden, alljährlich an St. Martin das zweite Osterfest zu feiern. Alten Quellen zufolge sollen sogar die Bewohner als Pilger in Prozessionen bis zum Jahre 1830 alljährlich dorthin gelaufen sein (immerhin eine Wegstrecke hin und zurück: 12 Kilometer). Fortan diente die alte Glaubensstätte den weidenden Herden als Herberge.

Ermita de Son Fe

Wer sich für die *Ermita Son Fé* interessiert, kann diese per Auto leicht erreichen. Dazu fährt man auf der Straße C713 von **Alcudia** in südlicher Richtung und biegt nach ungefähr acht Kilometern nach der *Finca Son Fé in* den nächsten Feldweg (in Fahrtrichtung links) ein. Von dort sind es zu Fuß zur *Ermita* etwa 400 Meter.

Einsiedelei la Victoria

Wohl kein Pilgerweg zu einem mallorquinischen Heiligtum kann besser angefahren werden als die Wallfahrtskirche *Nuestra Senyora de la Victoria*. Zu erreichen ist sie auf der Landstraße von **Alcudia** in östlicher Richtung nach Passieren von *es Mal Pas* an den Küstensiedlungen *Punta de sa Guarda de Tacàritx* und *Punta Llarga* vorbei (ausgeschildert). Dieses Kloster wurde im 14. Jahrhundert errichtet und im 18. Jahrhundert umgebaut. Es verfügt heute über ein Restaurant und eine Herberge. Telefon: 0034/ 971 547 173.

Die Geschichte besagt, dass hier das Bildnis der heiligen Jungfrau entdeckt wurde, das um das Jahr 1300 mehrfach in Folge einem Hirten erschienen sei. Darum baute man an dieser Stelle eine Kirche und siedelte zu deren Pflege Eremiten an. Auf die Eremiten folgten Karmeliter-Mönche, und später wurde dieser Ort immer mehr zu einem der großen Wallfahrtsorte auf der Insel. La Victoria wird von den Bewohnern von Alcudia hoch verehrt, da der *Mare de Deu de la Victoria* viele Siege zugeschrieben werden.

Am Fest *Mariae Heimsuchung* (2. Juli) wurden früher Feste gefeiert, wobei unentgeltlich Mahlzeiten an die Wallfahrer ausgegeben wurden. Nach dem Hochamt war

Insider-Tipp:
Dem Pilger sei die Anfahrt mit dem Auto von **Arta** bis zur *Ermita* dringend abgeraten. Der Grund: Je weiter sich die geteerte Fahrstraße in die Höhe windet, desto mehr wird höchste Konzentration bezüglich der Fahrweise (Schritttempo) verlangt. Steile Abhänge! Zudem ist die geteerte Fahrstraße nur so breit wie ein mittelgroßer Pkw. Ein Ausweichen ist nahezu unmöglich (wenn überhaupt, dann nur in den engen Kurvenbuchten, die dann nur im Rückwärtsfahren angesteuert werden können; also nichts für zart besaitete Auto-Pilger).

T I P P

es auch Brauch, Wettrennen zu veranstalten und Tänze aufzuführen.

Ermita de Betlem

Nicht nur im Heiligen Land oder in Wales gibt es den Namen Betlehem. Auf Mallorca hat er genauso eine tiefe Bedeutung.

Für den Pilger gibt es zwei Möglichkeiten, zur *Ermita de Betlem* zu gelangen:

a) Von der **Alcudia**-Bucht beim Ort *Betlem* beginnend (zu Fuß) oder

b) von **Arta**, per Auto oder zu Fuß (längere Wegstrecke).

Historie

Die heutige *Ermita* steht auf dem ehemaligen arabischen Landgut *Alqueria Binialgorfa*. Sie gilt als die entlegenste aller Einsiedeleien Mallorcas. Nach der Wiedereroberung durch König *Jaume I.* im 13. Jahrhundert wurde das Gebiet besiedelt. Namen wie *Alqueria Vella d´Avall* im fruchtbaren Hochtal zeugen heute noch davon.

Im Jahre 1805 kamen die ersten Mönche vom Orden der Heiligen Paulus und Antonius in diese Gegend, restaurierten die ziemlich verfallenen Gebäude des Landguts und gründeten ein Kloster. Neben der Unterstützung durch *Jaume Morei de Sant Marti*, der bestimmte, dass dieses Kloster den Namen *Betlehem* – also *Betlem*, tragen sollte – war es auch *Kardinal Despuig*, der den Bau der Kirche finanziell auf den Weg brachte. Doch der Transport des Baumaterials in das unwegsame Gelände gestaltete sich sehr schwierig, so dass erst nach gut 10 Jahren Bautätigkeit im Jahre 1824 das Gotteshaus im neoklassizistischen Stil eingeweiht werden konnte.

Der Pilger findet heute einen von Zypressen gesäumten Weg zur Kapelle vor. Neben dem Eingangstor befindet sich auf der Mauerinnenseite ein Fliesenbild, das auf das Eremitentum hinweist. Es wurde 1965 von einem hier lebenden Einsiedler angefertigt und stellt die heiligen *Antonius* und *Paulus* dar. Im Innern der Kapelle befindet sich der Grabstein des damaligen Besitzers *Morei*, der das Gelände den Mönchen vermacht hatte. Heute leben in der *Ermita* noch drei alte Mönche.

Tour in Kürze

Wanderung: Etwa 100 Meter vor den ersten Häusern der Siedlung von Betlem die Wanderwegweiser (rechts) beachten. Dort befinden sich auch Parkplätze. Von hier geht man an einer ehemaligen Kaserne aus der Franco-Zeit vorbei *(Quarter de Betlem)* und passiert danach die verlassene Finca Cases de *Betlem*. Direkt nach dieser Finca weist ein Schild *Ermita de Betlem* den Weg in die Höhe. Von da an verläuft der Weg in Serpentinen vorbei an einer Kalkofen-Ruine, Terrassenfeldern, der Quelle *Font de s´Ermita* (mit einer kleinen Grotte, in der die Marienerscheinung von Lourdes dargestellt ist). Diese Quelle wird auch von den Mallorquinern als die *Quelle der hl. Bernadette* bezeichnet. Das letzte Stück ist ein nahezu ebener Feldweg, der zum Eingangstor der *Ermita* führt. Empfehlenswert ist der hinter der Kirche verlaufende Pfad, der in wenigen Minuten auf eine Anhöhe führt *(Sa Coassa,* 322 Meter hoch), von der man einen herrlichen Ausblick über die Bucht von **Alcudia** genießen kann.

Anforderungen und Zeitbedarf: Leicht bis mittelschwer; etwa fünf Stunden (acht Kilometer, hin und zurück; mit Pausen); Höhenunterschied: etwa 260 Meter.

Einkehrmöglichkeiten: In Colonia de Sant Pere/Picknick bei der *Ermita*.

Kartenmaterial: Mallorca Ost-East 1: 40 000 von *Reise Know How*.

Anfahrt: Von der Straße **Alcudia-Can Picafort** C712 folgt man der Abzweigung in Richtung **Colonia de Sant Pere** bis kurz vor der Touristensiedlung **Betlem**.

Ermita de Betlem

Route der Mitte

Santa Maria del Cami, Binissalem, Marratxi, Lloseta, Inca, Santa Margarita, Muro, Sa Pobla, Petra, Manacor, Campanet, Selva, Mancor de la Vall, Montuiri, Porreras, Sankt Juan, Alaró, Algaida, Pina, Sencelles, Llucmajor, Randa, Llubi, Sineu

Fruchtbare Inselmitte und Tafelberge

Nicht nur die Küste und die *Sierra de Tramuntana* sind reich gesegnet mit Kirchen, Kapellen und *Ermitas*. Gleiches kann über das Gebiet der Inselmitte gesagt werden. In einer nicht gekannten Fülle befinden sich hier christliche Zeugnisse am Wegesrand, auf Tafelbergen, in Städten und Dörfern der fruchtbaren Ebene. Wer sich auf einen Pilgerkurs begibt, sollte zuvor entscheiden, welche Ziele angesteuert werden. Bei aller gebotenen Verweilzeit lässt sich die Fülle an einem Tag nicht schaffen. Für eine umweltverträgliche Mobilität bieten sich die schnellen Inselflitzer an.

Von Palma nach Inca

Historischer Bericht von Erzherzog Ludwig Salvador, 1897:

„... Kurz nach der Abfahrt von der Stadt erreicht man die erste Station von Pont d'Inca und sieht den riesigen Bau der Mahlmühle zur Linken; neben dem Bahnhofe gruppiert sich die kleine Ortschaft. Man erblickt in der Ferne den schönen Puig de na Fatma von Valldemosa und im grünenden Thale die stattliche Cartuja. Rechts erscheint uns die Kirche von Marratxi und der gleichnamige, zweistöckige Bahnhof. Man sieht auf derselben Seite die Fahrstraße gegen Inca und kommt durch den Einschnitt bei Son Sureda durch kuppiges Hügelland nach Santa Maria, dessen Bahnhof mit mehreren Nebenbauten und vielen, in der Nähe neu aufgeführten Häusern der Ortschaft uns zur Rechten erscheint. Den Hintergrund bilden die Höhen von Son Segui, und in der Ferne sieht man die Ortschaft von Santa Eugenia. Man durchzieht schöne Weinberge und sieht zur Linken den Bahnhof von Alaro, dessen schöne Berge sich uns in ihrer Pracht eröffnen. Vom Bahnhofe geht eine Tramwaylinie zur Ortschaft, die jedoch einer von der Bahngesellschaft ganz unabhängigen Gesellschaft gehört. Bald

darauf fährt man in den kleinen, wohlgebauten Bahnhof von Binisalem ein und sieht demselben gegenüber das malerische Bellvue. Man passiert hierauf schöne Oelbaumpflanzungen mit prächtigem Blick auf die Sierra, und an dem Kirchlein der Mare de Deu des Cocó dicht vorbeifahrend, erreicht man den kleinen Bahnhof von Lloseta mit gutem Blick auf die malerisch gelegene Ortschaft. Nach kurzer Fahrt erblickt man die Palmen des Frauenklosters von Inca und gelangt in dieser Ortschaft an..."

Vieles hat sich seit dieser Zeit verändert. Nichts ist so, wie es war. Anstelle der schnaubenden Dampfrösser sind es moderne, klimatisierte Inselflitzer, mit denen die Mallorca-Pilger die Wegetappen zurücklegen können.

Santa Maria del Cami

Das kleine Landstädtchen (rund 5500 Einwohner; Stand 2007) an der frequentierten Bahnlinie von **Palma** nach **Inca** soll die erste Raststation der Römer auf dem Weg nach **Pollencia** gewesen sein. Im Ursprung ist die Ansiedlung jedoch auf die Mauren zurückzuführen. Der Ort wird geprägt durch die *Pfarrkirche Santa Maria del Cami (Maria am Wege),* die als Gotteshaus schon Anfang des 13. Jahrhunderts erbaut wurde. Im Steingarten mit Palmen befindet sich ein Gedenkstein für den späteren Bischof *Juan Perelló Pou.* Eine Tafel am Portal erinnert an einen langjährigen Priester, der in der Gemeinde tätig war. Beide Gräber befinden sich in der Kirche. Der Hochaltar enthält ein Bild der *Santa Maria del Cami* aus dem Jahre 1713. Die Ausstattung des Gotteshauses stammt von *Francisco Herrera.*

Bahnhofdetail in Santa Maria del Cami

Unmittelbar an der Hauptstraße liegt das ehemalige Kloster *Convento de Minimos* aus dem 18. Jahrhundert, in dem heute das Balearische Museum untergebracht ist.

Binissalem

Der weit über die spanischen Grenzen hinaus bekannte Weinort (6800 Einwohner; Stand 2007) geht auf die Gründung durch die Mauren zurück. Besichtigenswert ist das große *Weingut Ferrer,* der Marktplatz und die *Pfarrkirche La Asunción* (13. Jahrhundert).

Auch ein Besuch im Wachsfigurenkabinett *Museo Historal de Mallorca* (an der Straße nach **Inca**) ist zu empfehlen. Hier werden dem Besucher geschichtliche Ereignisse der Insel auf originelle und anschauliche Weise nähergebracht (u. a. der Eroberer *König Jaime I., Ramon Llull, Junipero Serra, Chopin*; erste christliche Messe auf Mallorca, 1229).

Auf dem Weingut Ferrer

Binissalem, Marktplatz mit Kirche

Marratxi

Mit rund 31 200 Einwohnern (Stand 2007) zählt das Städtchen **Marratxi** zu den größeren Gemeindekomplexen auf der Insel. Hervorzuheben ist die gut zwei Kilometer östlich vom Bahnhof liegende Pfarrkirche *San Marcial* (direkt am Ortseingang von **Sa Cabaneta**). Sie ist vermutlich die älteste Landpfarrei der Insel (schon 1248 erwähnt) und hat im Innern einen reich ausgestatteten Hauptaltar und eine Seitenkapelle.

Auf der ganzen Insel ist Marratxi bekannt wegen seiner kleinen Terrakotta-Figuren namens *Siurell*. Am Tag von *San Marcial* (Martialis von Limoges, 30. Juni) nimmt ein jeder eine solche Figur mit nach Hause. *Siurell* ist eine handgeformte, weiß bemalte und mit bunten Pinselstrichen verzierte Figur. Der *Siurell* verbirgt an seinem Boden eine Flöte, die verschiedene Formen annehmen kann. Experten gehen davon aus, dass der Ursprung der kleinen Tonfiguren auf die minoische Kultur zurückzuführen ist.

Lloseta (Ermita del Coco)

Der lang gestreckte Ort mit rund 6000 Einwohnern (Stand 2007) befindet sich in unmittelbarer Nachbarschaft zur Stadt **Inca**. Das kleine Städtchen ist bekannt für seine Schuhfabrikation, Orangenkulturen und das Kunsthandwerk. Aber auch für den religiös Interessierten ist der Ort als touristisches Ziel attraktiv: Er beherbergt nämlich die älteste Mallorca-Ikone (Madonnenbild).

Sehenswert ist die Pfarrkirche, die der Jungfrau Maria geweiht ist. Vor der christlichen Eroberung stand hier bereits ein Bethaus. Im Inneren befindet sich das sehens-

> **Pilger-Tipp:**
> Wanderung von Lloseta über Biniamar nach Mancor. Dabei werden zwei *Ermitas* besucht: **De Cocó** und **Santa Lucia**.
>
> **TIPP**

Lloseta, Hauptportal der Kirche

werte Bild der **Jungfrau von Lloseta** in romanischem Stil (12. Jahrhundert). Ebenfalls sollte das *Herrenhaus Casa Ayamans* (direkt neben der Kirche) aus dem 17. Jahrhundert mit einem gepflegten Garten besichtigt werden. Es ist im Besitz der *Familie March* und wurde von dieser vollständig renoviert.

Tour in Kürze

Wanderung: Von Lloseta geht es zum südlichen Ende des Ortes zur *Ermita del Cocó* und dann wieder zurück zum Zentrum und hinaus

Mallorcas älteste Ikone und die Ermita del Cocó

Hier wurde im Jahre 1232 das Bildnis der Muttergottes gefunden, das als die älteste Ikone auf der Insel gilt.

Nach der Legende habe eines Nachts ein Hirte bei der Herde leuchtende Strahlen in der Nähe des Bachs *Torrent* wahrgenommen. Dies teilte er dem zuständigen Pfarrer Arnaldo mit. Der Geistliche begab sich an die Stelle und fand tatsächlich das Bildnis der heiligen Jungfrau unter einem Stein. Es ist wahrscheinlich, dass dort die ersten Christen dieses Bildnis vor den

Mauren versteckt haben. Pfarrer Arnaldo brachte das Bild zunächst nach Binissalem. Von dort soll es der Legende zufolge dreimal verschwunden sein und wurde die ersten beiden Male wieder an seiner ursprünglichen Stelle wieder aufgefunden. Beim dritten Mal fand der Pfarrer das Bild im Stalle seines Hauses, in welchem ein zum Christentum bekehrter Maure es als Erster gesehen haben soll. Man nimmt an, dass hier die erste Kirche von Lloseta in einfachem Stil errichtet wurde.

in nördlicher Richtung. Die Route verläuft zunächst etwa 2 Kilometer an der Nebenstraße in Richtung **Biniamar**. Von dort führt ein Weg zur Quelle *Font de Biniatzen*. An der Gabelung geht es rechts auf dem Weg in Richtung nach **Mancor de la Vall**. Dort beginnt der zwei Kilometer lange Aufstieg zur *Ermita Santa Lucia,* der Schutzpatronin der Blinden und Sehkranken. Der Ausblick reicht bis nach **Inca** und den Berg von Santa Magdalena, die **Ebene von Muro, Campanet** und die **Bucht von Alcúdia.**

Anforderung und Zeitbedarf: Leichte Wanderung auf asphaltierter Fahrstraße und Wegen; etwa vier Stunden (16 Kilometer, hin und zurück). Höhenanstieg etwa 250 Meter.

Einkehrmöglichkeiten: Lloseta, Picknick an der Quelle oder bei der *Ermita Santa Lucia.*

Kartenmaterial: Mallorca West 1:40 000 von *Reise Know How*

Anfahrt: Man kann mit dem Pilgerflitzer nach Lloseta fahren oder per Auto direkt als Anfangspunkt bei der *Ermita del Coco* parken.

Inca

Die einstige Lederstadt hat heute über 28 000 Einwohner (Stand 2007). Mit einem reichen Angebot an Geschäften in der Fußgängerzone knüpft **Inca** an die moderne Einkaufswelt an. Die religiös-geschichtliche Bedeutung der Stadt zeigt sich u.a. durch die *Pfarrkirche Santa María la Mayor* aus dem 18. Jahrhundert (steht auf den Grundmauern einer Moschee; schöner quadratischer Glockenturm), das *Kloster Santo Domingo* (ehemals Dominikanerorden)

und ein *Franziskanerkloster,* das sich innerhalb der Ortschaft auf einer kleinen Anhöhe befindet.

Pfarrkirche in Costitx bei Inca.

Ermita de Santa Magdalena

Auf dem **Puig d`Inca** (307 Meter) liegt die kleine Einsiedelei mit einem Kirchlein, das den Heiligen Paulus und Antonius geweiht ist und wo Mönche bis zum Jahr 1335 lebten. Einst hatten hier die Franziskanerinnen ihre erste Stiftung, ehe sie im Jahre 1515 nach **Palma** umzogen. Auch lebten hier für einige Zeit Jeronimiten-Nonnen, die aber wegen der ungünstigen Lage im Jahre 1534 nach **Inca** zogen und die dortige Kirche als Kloster nutzten.

Tour in Kürze

Wanderung: Der Aufstieg ist etwa vier Kilometer lang und führt den Pilger zum Gipfel des **Puig d'Inca,** auf dem sich unweit davon auf 287 Metern Höhe die *Kapelle Santa Magdalena* befindet. Herrlicher Rundblick auf die Buchten von **Alcudia** und **Pollenca**.

Anforderung und Zeitbedarf: Leichte Wanderung auf asphaltierter Fahrstraße; etwa zwei Stunden (sechs Kilometer, hin und zurück); Höhenanstieg etwa 200 Meter.

Einkehrmöglichkeiten: Restaurant auf dem **Puig d´Inca** (geöffnet: tägl. außer Dienstags), Picknickplätze rings um die *Ermita*.

Kartenmaterial: Mallorca West 1:40 000 von *Reise Know How.*

Ermita Sant Magdalena

Blick vom Puig d'Inca

Anfahrt: Mann kann mit dem Pilgerflitzer nach **Inca** fahren und von dort aus auf der Straße nach **Alcúdia** (C 713) den Weg zu Fuß fortsetzen. Nach etwa zwei Kilometern trifft man rechts auf die Straße zu der *Ermita*. Der Pilger kann aber auch mit dem eigenen Auto direkt hoch zur *Ermita* fahren.

Santa Eugenia

Ein kleiner Pilgerweg-Ausflug bietet sich für die Kirche in **Son Segui** bei **Santa Eugenia** an.

Santa Eugenia zählt rund 1500 Einwohner (Stand 2007) und hat als Sehenswürdigkeiten die Pfarrkirche aus den 17. Jahrhundert, das Franziskanerkloster und den einzigen jüdischen Friedhof der Insel vorzuweisen.

Pilger können zudem auf dem **Puig de Son Segui** (320 Meter hoch) gleich zwei *Ermitas* besichtigen: *Ermita de Son Seguí* und die *Ermita de na Pau*.

Die Einsiedelei *Ermita de na Pau* wurde 1679 errichtet und von den Mönchen der *Congregació Sant Pau i Sant Antoni* (Brüder der Ordensgemeinschaft der Heiligen Paulus und Antonius) bis 1805 bewohnt. Danach siedelten sich die Ordensmänner in der *Ermita de la Trinitat* bei **Valldemossa** an.

Tour in Kürze

Wanderung: Vom Ortsteil **Ses Coves** geht es langsam bergan. Es können zwei Varianten gewählt werden (in etwa gleiche Weglänge): Kurz hinter der Siedlung von **Ses Coves** sollte man sich bei der Weggabelung entscheiden, ob man links oder rechts auf den **Puig de Son Segui** hinaufläuft. Der Ausblick auf das ferne **Palma** und *Santa Maria del Cami* ist schön.

Anforderung und Zeitbedarf: Leichte Wanderung; etwa zwei Stunden (sechs Kilometer, hin und zurück); wird der Weg zur *Ermita de na Pau* fortgesetzt, sind zusätzlich 1,5 Stunden (3 Kilometer hin und zurück zur *Ermita de Son Segui*) einzuplanen; Höhenanstieg etwa 200 Meter.

Einkehrmöglichkeiten: keine; Picknickplatz auf dem **Puig de Son Segui.**

Kartenmaterial: Mallorca Ost-East 1: 40 000 von *Reise Know How*.
Anfahrt: Von der Straße PM-304 aus Richtung **Santa Maria del Cami** kommend, biegt vor **Santa Eugènia** bei Kilometer 1,6 rechts (Schild *Ses Coves*) ein schmaler Fahrweg ab. Das Auto kann auf diesem Flurweg geparkt werden.

Llubi mit Ermita de Santo Christo

Der typische kleine mallorquinische Ort **Llubi** hat 2128 Einwohner (Stand 2007) und ist durch den Getreide- und Mandelanbau geprägt. Sehenswert ist die *Einsiedelei Ermita del Sant Crist del Remei,* die sich etwa 1,5 Kilometer in nordwestlicher Richtung neben

Bei Muro, Reste einer römischen Brücke

einem Verbindungsfeldweg zur PM 350 auf einer kleinen Anhöhe befindet (kleiner Spaziergang, Ausgangspunkt Ortszentrum von Llubi). Die *Ermita* stammt aus dem 19. Jahrhundert. Außerdem gibt es in Llubi ein restauriertes altes Wegekreuz aus dem 17. Jahrhundert.

Santa Margarita

Die lang gestreckte Ortschaft hat 10 608 Einwohner (Stand 2007). Das aus der arabischen Herrschaft stammende Städtchen hat eine Pfarrkirche, die schon für 1232 belegt ist. Sehenswert im Inneren sind religiöse Kostbarkeiten wie Heiligenfiguren, Altaraufsatz und weitere Bildnisse. Viele Sagen und Legenden ranken sich um die heilige Margarita, die der Kirche den Namen gab.

Muro

Die Gemeinde **Muro** hat 7412 Einwohner (Stand 2007). Sehenswert sind das *Ethnologische Museum* und die *Pfarrkirche Sant Joan* aus dem 16. Jahrhundert mit ihrem vom Hauptkirchenbau getrennt stehenden quadratischen Glockenturm. Das Landstädtchen wird auch von den vielen Landgutshäusern geprägt, von denen sich das von *Son Jeroni* (südlich von zwei Straßen eingebunden) hervorhebt. Denn sein Baustil mit römischen Elementen und vier Statuen, die die Jahreszeiten symbolisieren, ist in dieser sanften Hügellandschaft einzigartig.

Sa Pobla

Sa Pobla hat 12141 Einwohner (Stand 2007). Die *Pfarrkirche San Antonio Abad* wurde schon um die Mitte des 14. Jahrhunderts errichtet. Von **Sa Pobla** in Richtung **Pollença** gibt es eine Abzweigung, die zum *Oratorio de Crestatx* führt. Von der im 13. Jahrhundert erbauten schlichten Kapelle ist heute nichts mehr zu sehen. Eine neuere Einsiedelei wurde 1820 errichtet, in der sich eine *Statue der Santa Margalida* aus dem 16. Jahrhundert (von *Gabriel Móger*) befindet. Direkt neben der Kapelle befindet sich ein Restaurant.

Sehenswert ist das *Museum für Spielzeug und zeitgenössische Kunst.* Hier können 5000 Exponate besichtigt werden, die aus der Zeit von 1880 und 1950 aus ganz Europa zusammengetragen wurden.

Sineu, Petra und Manacor

Sineu

Sineu mit 3250 Einwohnern (Stand 2007) liegt im Zentrum der Insel und gilt heute als Radsportler-Zentrum. Hier treffen sich nationale und europäische Radsportler für ihr Training, und aktive Radpilger gesellen sich seit Jahren hinzu. Die Stadt besticht durch ihre Ausgangslage: von hier geht es quer durch die Insel über einfaches Hügelland,

Sineu, Stadtansicht

topfebene Strecken mit sanft wo-
genden Getreidefeldern, leichten
und extremen Anstiegen in die
Sierra de Tramuntana, aber auch
zu den Heiligtümern (u. a. **Lluc**
und **Randa**), die im Frühjahr stark
frequentiert sind.

Sineu ist seit 1988 bekannt als die
Stadt mit dem Galeriebahnhof.

Das Bahnhofsgebäude aus dem
Jahre 1878 lag ehemals an der
Eisenbahnstrecke   **Inca-Sineu-**
Manacor-Arta, die 1975 eingestellt
wurde. 1988 eröffnete der Deut-
sche *Klaus Drobig* seine Galerie
S´Estacio im stillgelegten Bahn-
hof (inzwischen halten wieder

Bilderbahnhof in Sineu

flotte Inselflitzer hier am einla-
denden Bahnhof). Ein Rundgang
durch den Bilderbahnhof ist ein
Vergnügen. Auf dem ehemaligen
Bahnsteig sind Tische und Stühle
aufgestellt, wo Besucher bei einer
Erfrischung über Kunst philoso-
phieren können und mit den Ga-
leristen ins Gespräch kommen.

Die *Pfarrkirche Nuestra Senora
de los Angeles,* eines der ältesten
Gotteshäuser der Insel aus dem
13. Jahrhundert, hat einen schönen Hauptaltar mit Marienfigur
(um 1500) und einen frei stehenden Glockenturm. Vor der Kirche
befindet sich das wuchtige Denkmal mit dem *Löwen von Sineu,* der
zugleich das Emblem des heiligen
Markus, des Schutzheiligen der
Stadt, ist.

*Sineu, der Löwe als Wahrzeichen der
Stadt*

Maria de la Salut

Der kleine Ort (2095 Einwohner, Stand 2007), etwa neun Kilometer nordwestlich von **Petra**, hat eine Pfarrkirche namens *Virgen de la Salut*. Mit ihrem zwiebelturmähnlichen Glockenturm-Aufsatz überragt sie das Ortsbild. Auch hier gibt es eine Legende: Auf dem ehemaligen Landsitz der Markgrafen von **Roqueta** wurde ein Marienbild gefunden, das sich heute auf dem Hochaltar der Pfarrkirche befindet. Das Gotteshaus wurde um das Jahr 1860 Gründungsort des *Ordens der Barmherzigen Schwestern des Heiligen Franz von Assisi*.

Restaurant-Tipp:
Da Sineu nicht groß ist, lohnt es sich schon, die Preise der etlichen kleinen Restaurants im Ortskern zu vergleichen. Denn alle bieten authentische mallorquinische Küche. Besonders am Markttag (Mittwochs) – dem ältesten Viehmarkt der Insel (nichts für zart besaitete Tierschützer) – gibt es in Sineu die besten „Frit mallorqui" der Insel.

Hoteltipp:
Leon de Sineu, Carrer dels Bous 129, Tel. 52 02 11, Fax 85 50 50; Preise moderat.
Kleines, feines Stadthotel (15 Betten) mitten im Ortskern; ruhige Gartenanlage mit Blick auf die Ebene.

T I P P

Petra und die „Kathedrale der Berge"

Petra ist sicher nicht die unbedeutendste Stadt auf Mallorca. Damals, Ende des 19. Jahrhunderts, als sich der österreichische Erzherzog Ludwig Salvator ins Landesinnere mit einem Dampfross wagte, sah das seinem Bericht zufolge noch anders aus:

„... *Kleine Häuschen zeigen sich zwischen den Feldern. Man beschreibt eine große Krümmung links, mit gutem Rückblick auf Defla bei Sineu. An einem großen Weinberge vorbei, fährt man am Fuße des Puig de San Onofre durch zwei Einschnitte. Auf einer Brücke über den Fahrweg von Sineu nach Petra gelangt man dann durch einen starken Einschnitt, Es Romarins genannt. Figuerals und Weinberge wechseln mit von Strandkiefern bewachsenen Hü-*

gelchen ab. Rechts erhebt sich der Hügel von Bonany.

Heute verkehren zwischen der Hauptstadt und Petra flotte, klimatisierte Inselflitzer, die schon die Anfahrt bequem machen.

Die Stadt Petra

Kleines Landstädtchen (heute etwa 3000 Einwohner) mit viel Charme und umgebenden Weizenfeldern geht in der Stadtgründung zurück auf die Araber. **Petra** bedeutet so viel wie die „Strahlende". Sie kommt in den Besitz von *König Jaime I.* Die rechtwinklig verlaufenden Straßen sind von alten Häusern aus goldbraunem

Pfarrkirche San Pedro

Bruchstein gesäumt. Alles in allem wirkt Petra etwas verträumt und fern jeder Hektik, wäre da nicht der berühmteste Sohn Mallorcas geboren: *Junipero Serra.*

Sehenswürdigkeiten

Pfarrkirche San Pedro

Die Pfarrkirche befindet sich am Ende der *Calle Franco* und wurde auf den Grundmauern eines älteren Gotteshauses im Jahre 1724 errichtet. Markant sind der sechseckige Turm sowie lang gezogene Rundbogenarkarden. Sehenswert ist das Taufbecken mit einer Tafel, die an Serras Taufe erinnert; ein Altaraufsatz in der rechten Seitenkapelle ist *Cosmas und Damian* gewidmet, und in der Kapelle der *Senora Bonany* (14. Jh.) befindet sich ein Bildnis von ihr.

Geburtshaus von Junipero Serra

Ca´l Pare Serra: Geburtshaus, eingerichtet im bäuerlichen Stil des 17. Jahrhunderts, unmittelbar daneben das Museum.

Museum von Junipero Serra

Nicht zu verfehlen ist das Museum. Am besten folgt man der da-

Franziskanermönch gründete San Francisco und Los Angeles

Die Strahlkraft von Petra erfährt durch die Geburt von *José Miguel* am 24. November 1713 eine neue Dimension. Erst 16 Jahre alt, tritt *José* dem Franziskanerorden bei, studierte und promovierte als *Fray Junipero Serra* in **Palma** und reiste 1747 zusammen mit seinen Ordensbrüdern *Crespi, Palou, Vergé* und *Vicens* nach Mexiko, wurde dann Superior der Franziskaner in Kalifornien und gründete während dieser Zeit insgesamt 21 Missionsstationen und Klöster. Eines davon war 1776 **San Francisco de Assisi,** aus dem sich die Millionenstadt **San Francisco** entwickelt hat. Zu nennen sind weiter **Los Angeles, San Diego und Monterrey.**

Junipero Serra starb am 28. August 1784 und wurde in **Carmel** (Kalifornien) beigesetzt. Eine besondere Wertschätzung zeigt sich darin, dass seine Büste mit erhobenem Kreuz heute im Capitol in **Washington** neben *Martin Luther King* und den großen Präsidenten von Amerika steht. Am 25. September 1988 wurde er durch *Papst Johannes Paul II.* selig gesprochen.

Die missionarischen Aktionen der Franziskanermönche bei den Ureinwohnern an der Grenze zu Mexiko sind umstritten. Es wurde versucht, die Eingeborenen zu sesshaften Christen zu machen, aber ohne Krieg, Kampf und Ausrottungsstrategien wie einst in Südamerika oder beim Goldrausch in Kalifornien. Die Franziskaner legten ohne Zweifel den Grund zu Kaliforniens Land- und Viehwirtschaft im Überfluss. Aus den Indianern wurden Schafhirten, Bauern und „Cowboys", die ihrer geregelten Arbeit nachgingen. Fielen jedoch einige wieder in ihre alten Gewohnheiten und Rituale zurück, wurden sie in die Missionsmauern zurückgeholt und zum Teil brutal bestraft. *Junipero Serra* bildete hier jedoch eine Ausnahme. *John Johnson,* Anthropologe und Kurator am Museum für Naturgeschichte in Santa Barbara, hatte anlässlich eines Gespräches im Jahre 1987 gesagt: „Serra war nicht grausam. Ich glaube, er liebte die Indianer." Im Übrigen hält *Johnson* zumindest den Missionaren zugute, dass sie sich als Vormund ansahen. Aus den Indianern sollten eines Tages „gute königstreue Katholiken" werden. Bis dahin wollten die Patres ihr Land als „Treuhänder" verwalten.

vor liegenden kleinen Straße, auf der an den Wänden auf Kachelbildern die einzelnen Missionsstationen von *Serra* dargestellt sind.

Im kleinen Museum befinden sich Erinnerungsstücke wie Briefe, Skizzen, Notizen, Karten. Großformatige Gemälde zeigen u.a. die Ankunft Serras auf dem amerikanischen Kontinent.

Das Museum wurde im Jahre 1959 durch die *Gesellschaft der Freunde von Pater Serra* im mallorquinischen Stil errichtet und mit reichem Geldsegen der Amerikaner in ein schmuckes Museum umgewandelt. Durch einen kleinen Garten gelangt der Besucher in einen Vorraum. Auf drei

Kachelbild zu Serras Missionsgründungen

Stockwerken erhält man Informationen zur amerikanischen Geschichte und zur Christianisierung der damaligen indianischen Bevölkerung.

Alljährlich pilgern amerikanische Touristen an diese Stätte, und schon einige Präsidenten der USA bewiesen durch ihren Besuch in

Junipero Serra, der kalifornische Wein und das Hautpflegemittel Jojoba

Wein

Ebenfalls *Junipero Serra* war es, der den eigentlichen Weinbau in die Vereinigten Staaten einführte und damit den Grund legte für die Weinkultur in den USA. Im Jahre 1769 führte er Siedler aus Mexiko in die Gegend, die heute als **San Diego** bekannt ist. Er gründete dort eine Missionsstation und auch den ersten Weingarten

Kaliforniens. Die ersten Weine wurden als Messwein und für den täglichen Bedarf der Missionsstation hergestellt. Dabei war Serra konsequent: Auf den Wegen zu weiteren Missionsstationen pflanzte er an jedem Ort Weintrauben an. Die verwendete Rebsorte kam von den Mönchen aus Mexiko und wurde „Missions-Traube" genannt.

Im Serra Museum

Kachelgesäumte Straße zum Serra-Museum

Petra und im Museum ihre Verbundenheit mit dem Gründer der kalifornischen Städte. Selbstverständlich zählten auch die spanische Königsfamilie und *Papst Johannes Paul II.* zu den Besuchern. Der Eintritt ist frei.

Klosterkirche San Bernardino
Etwa 100 Meter vom Museum entfernt befindet sich die *Klosterkirche*. Sie war Bestandteil des einstigen *Franziskanerklosters*

Jojoba
Jojoba ist mittlerweile zu einem natürlichen Hautpflegemittel erster Güte geworden. Der Strauch mit seinen charakteristischen dunkelbraunen Nüssen ist u.a. ursprünglich im Südwesten Nord- und Südamerikas zu finden. Er wird heute in Afrika, Australien und in Israel angebaut. Über die Heilwirkung des Jojoba-Öles wusste der Franziskanermönch Serra

schon Bescheid. Als er in Chile wirkte, schrieb er 1769 in sein Tagebuch: *„Das Öl des Hohoba-Strauches benutzen die Indianer zur Pflege von Haaren und Haut. Was mich am meisten erstaunt: Keiner von ihnen hat Schuppen oder Haarausfall, selbst nicht die ältesten Männer. Ich führe das auf das Öl zurück. Sie benutzen es aber auch zum Kochen."*

(1607 gegründet) und wurde 1672 geweiht. Altaraufsatz und zwei Seitenaltäre sind im Barockstil gestaltet.

Casa Consistorial
In der Straße Consistorial (um die Ecke vom *Plaza Padre Serra* aus) ist auf einem Riesengemälde der Franziskanermönch porträtiert. Das andere Bild stellt seinen Neffen, *Pater Miguel de Petra*, dar, der ein berühmter Mathematiker und Architekt war.

Plaza Padre Serra
Ein palmenumsäumter Platz, in dessen Mitte das große Denkmal von *Junipero Serra* steht. Heute ist dieser Platz mit kleinen Cafés auch beliebter Treffpunkt vieler Radsportler aus ganz Europa.

Fest zu Ehren von Junipero Serra
Am dritten Sonntag im September findet in Petra ein Umzug mit geschmückten Wagen zu Ehren des seligen Missionars statt.

Schutzheilige der Gemeinde
Santa Pràxedis, deren Namenstag am 21. Juli gefeiert wird.

Denkmal für Junipero Serra

Pilgertour zur „Kathedrale der Berge" — Ermita de Bonany

Die *Ermita de Bonany* zählt zu den schönsten Wallfahrtsorten Mallorcas. Obwohl die *Ermita* nur knapp 300 Meter hoch liegt, hat der Besucher eine atemberaubende Aussicht auf die fruchtbare Ebene und die Bergketten im Osten der Insel.

Tour in Kürze

Anfahrt: Von **Palma** mit klimatisiertem Zug nach *Petra* oder mit dem Mietwagen nach **Petra**. Bei der Anreise mit dem Pkw empfiehlt es sich, direkt am Bahnhof am Nordrand der Stadt zu parken.

Einkehrmöglichkeiten: Picknickplatz

Kartenmaterial: Mallorca Nord-North 1:40 000 von ReiseKnow-How

Anforderungen und Zeitbedarf: leicht; etwa eine Stunde (einfache Wegstrecke).

Streckenlänge: Vier Kilometer.

Höhenunterschied: 179 Meter.

Wanderung: Vom südlichen Ortsausgang zweigt eine schmale Straße zur *Ermita de Nostra Senyora de Bon Any ab.* Langsam ansteigend zieht sie sich durch Felder und windet sich dann in einigen Kurven auf den Berg. Am Ziel des Weges befindet sich ein großer Terrassenplatz mit Picknicktischen. Der bequeme Aufstieg wird belohnt mit einem einmaligen Panorama.

Dem gut trainierten Pilger bietet sich eine weitere Variante zum Berg von Vilafranca aus an.

Ermita de Bonany mit Blick auf die Ebene

Die „Kathedrale der Berge"

Der wuchtige Komplex wurde im Jahre 1604 erbaut und hat eine schöne Kirche, die als *Kathedrale der Berge* bekannt ist und in der *Unsere Heilige Jungfrau von Bonany* verehrt wird.

Der Weg zur Kirche führt vom Vorplatz durch ein Tor, das von zwei Pfeilern mit Kachelbildern eingerahmt wird. Weiter geht es dann auf einem von Palmen und Zypressen gesäumten Weg zum

Weg zur Kathedrale

Platz des Komplexes. Davor befindet sich ein noch funktionsfähiger Brunnen.

Die heutige *Ermita* besteht aus drei Gebäuden: links die *Clausura*, der älteste Teil des Komplexes mit

Ermita de Bonany, Brunnen im Eingangsbereich

Bonany, Gesamtkomplex

kleiner Kapelle; rechts die *Hospederia*, die 1918 geweiht wurde. Zwischen beiden liegt die Kirche, die auf dem Grundstück der ersten Kirche errichtet wurde. Portal und Fassade stammen von der ersten Kirche; Wappen von **Petra** mit Jahreszahl 1789. Hauptaltar mit dem Bildnis der Madonna in einer Nische.

Vilafranca de Bonany

Der kleine Ort hat etwa 3000 Einwohner. Schon zur Maurenzeit war er geprägt von mehreren Landgütern. Die herrlich dekorierten Obststände sind weithin bekannt, vor allem aber durch die Vielfalt an Melonen. Deshalb wird *Vilafranca* auch das *Melonendorf* genannt.

Feste:

Festa del Meló (Melonenfest), am zweiten Wochenende im September; *Patronatsfest* von St. Barbara am 4. Dezember

Sehenswert:

Pfarrkirche Santa Bàrbara aus dem Jahre 1620. Ebenso das Geburtshaus von *Josep Nicolau Bauza* (1916–1993), Schriftsteller und

Geistlicher, der einige Jahre dem *Kloster Lluc* als Abt vorstand.

Manacor

Manacor ist mit rund 38 000 Einwohnern (Stand 2007) die zweitgrößte Stadt der Insel. Den Status

Bon Any – ein gutes Jahr

Wenn man der Legende und den Experten glauben darf, so stammt das einzigartige Bild *Mare de Deú de Bonany* aus dem 8. Jahrhundert. Von den Christen soll es zur Araberzeit in einer Höhle versteckt und später nach der Wiedereroberung aufgefunden worden sein. Das Besondere an dem Bild ist die ansprechend schöne Art: eine liebreizende, bäuerliche Madonna mit dem schelmisch lächelnden Jesusknaben. Dieses Bild ist mindestens 1000 Jahre alt und wird auf dem Berg seit Jahrhunderten verehrt. An der Fundstelle baute man eine kleine Kapelle, die 1697 geweiht wurde. Die Pilgerschar wuchs, und der Berg samt Kloster entwickelte sich zum Wallfahrtsort.

Der Name *Bon Any* kam um 1600 in Gebrauch, als nach einer großen Wassernot auf Mallorca die Bevölkerung den Himmel anflehte, dass es regne. Tatsächlich fiel daraufhin der Regen in solcher Fülle, dass es ein gutes Jahr (eben *Bon Any*) wurde.

Informationen, Bahn-Fahrpläne und -Preise

www.trendesoller.com *(Ferrocarril de Sóller)* für die Linie **Palma** nach **Sóller** und www.tib.caib.es *(Transportes de les Illes Baleares)* für die Linien von **Palma-Inca-Manacor/Sa Pobla.**
Bahn-Besonderheiten: Kombi-Verbindungen (Zug plus Bus). Kostenloser Radtransport von **Palma** an die Nordküste (**Sa Pobla**) und Ostküste (**Manacor**).
Informationen:
Spanisches Fremdenverkehrsamt
Postfach 151940
80051 München
Internet: www.spain.info

einer *Ciudad* – Hauptstadt – darf sie zu Recht tragen, denn sie ist sowohl der landwirtschaftliche Mittelpunkt des Ostteils der Insel als auch Industriestadt für Möbel und Perlen. Im Stadtwappen umfasst eine Hand das Herz, was zugleich auf die Bedeutung von *Man-a-Cor* hinweist: nämlich *Hand am Herz.* Sehenswert sind: *die Erzpriesterkirche,* der *Kreuzgang von Santo Domingo* und das *Regionalmuseum.* Hübsche Patrizierhäuser, Wachtürme und alte

Windmühlen zeugen von der großen Vergangenheit der Stadt.
Durch zahlreiche Funde, vor allem durch die christlich-römische Basilika *Son Peretó,* konnte bewiesen werden, dass schon im 6. Jahrhundert eine römische Siedlung bestanden haben muss. Wer sich für diese archäologischen Beweisstücke interessiert, sollte sie im *Museo Arqueológico Municipal* besichtigen (in unmittelbarer Nähe der Pfarrkirche). Diese Beweisstücke gehen auf die Initiative des Forschers und Priesters *Juan Aguiló* zurück, der das Museum 1924 gründete.
Unweit des Platzes *Plaça de la Constitució* kann man in der Kirche *Dolores de Nostra Senyora* eine stille Andacht halten. Die Kirche ist auf den Grundmauern einer arabischen Moschee errichtet und 1236 zu einer der ersten Pfarrkirchen der Insel ernannt worden. Der Glockenturm wird auch unter dem Namen *Torre Rubí* geführt, in Erinnerung an seinen Baumeister. Immerhin stellt er den höchsten Kirchturm mit 80 Metern dar, der die Kathedrale von **Palma** (67,5 Meter) um fast 13 Meter überragt.

Für eine Pause und den Einkauf für eine Pilgertour bietet sich die Markthalle an der *Placa de la Constitució* an, wo frische Produkte angeboten werden. Für eine Kaffeepause bieten die typischen Plätzchen von **Manacor** die Möglichkeit, die Spezialität der Bäckereien, *Suspiros*, zu verzehren.

Deutscher Ingenieur erfand mallorquinische Kunstperlen

Die Perlenstadt **Manacor** – auch *Perlas Majórica* genannt – verkauft ihre Kunstperlen in vielen Ländern der Welt, an Verkaufsstellen von Flughäfen und an Bord von Urlaubsfliegern. Interessant ist die Perlen-Geschichte, an der ein Deutscher maßgeblichen Anteil hatte.

Es war der deutsche Ingenieur *Eduard Hugo Heusch* (1865–1937), der sich 1925 ein raffiniertes Verfahren patentieren ließ: künstliche Perlen werden in einem speziellen Verfahren aus Glas und pulverisierten Fischschuppen her -gestellt. Als Qualitätsmerkmale sind sie von Naturperlen am ehesten durch ihre Regelmäßigkeit und Glätte zu unterscheiden,

die bei aller Imitationskunst der feinen rauen Struktur der echten Perlen nicht gleichkommen kann. Heusch gründete das Traditionsunternehmen im Jahre 1902 auf der Insel. Was die berühmten Majórica-Kunstperlen heraushebt, sind ihr märchenhaft seidiger Glanz und die vielen Töne in allen Farbschattierungen von Weiß über Creme und Rosé bis hin zu Grau und Schwarz.

Es war einmal ... – Mallorquinische Märchen

Ein überraschendes Phänomen bietet die Volksliteratur mit ihren Inselmärchen. Sie sind Belege für das reiche Erbe einer Volkskultur, die man so ausgeprägt nicht erwartet hätte. Der österreichische Erzherzog *Ludwig Salvator*, der mallorquinische Geistliche *Antoni Maria Alcover* (1862–1932) und – ebenfalls ein Mallorquiner – *Francesco de B. Moll*, gelten als die Forscher überhaupt, die sich um die Tradierung dieser mallorquinischen Erzählkunst verdient gemacht haben. In seinem enzyklopädischen Werk bringt es der Erzherzog auf 54 Erzählungen, der damit zugleich der Erste ist, der die Bedeutung der Märchen für die Volkskultur dokumentiert hat.

Alcover hat über 130 Märchen gesammelt. Im Unterschied zum Erzherzog hat der Geistliche aus Manacor – ähnlich wie bei den Grimmschen Märchen – nur sprachlich glättend in die Texte eingegriffen, ohne dabei die unterschiedlichen Gestalten der Märchen zu verändern.

Moll hat als dritter Forscher die Volkserzählungen fortgesetzt

und abgeschlossen. Darüber hinaus hat er eine Biografie über den aktiven Geistlichen aus Manacor geschrieben. In seinem Resümee der Volkserzählungen aus Mallorca schreibt der Volks- und Sprachkundler Felix Karlinger im Dezember 1967: „Mallorcas Volkserzählungen fehlt jener Typus der düsteren Sagen und der beängstigenden Alpdruckgeschichten, wie er vornehmlich in ost- und nordeuropäischen Erzählräumen uns begegnet. Die Vitalität und

Märchenerfinder aus Manacor: Monsignore Antoni Maria Alcover

Die allermeisten Mallorca-Führer gehen auf ihn nicht ein, den mallorquinischen Geistlichen Antoni M. Alcover (geb. 1862 in Manacor, gest. 1932 in Palma). Er zählt zu den herausragenden Persönlichkeiten im Rahmen der Bemühungen um die Wiedereinsetzung der katalanischen Sprache Anfang des 20. Jahrhunderts. Als Geistlicher, Sprachwissenschaftler und Volkskundler schrieb er u.a. unter dem Pseudonym *Jordi des Recó* mallorquinische Märchen *(Rondaies Mallorquines)*. Sie sind auch deshalb so wertvoll für die mallorquinische Tradition, weil diese Volksmärchen

in einer Zeit, in der wenig in katalanischer Sprache geschrieben wurde, als einziges Zeugnis erhalten geblieben sind. So etwa das Märchen *Der Räuberlehrling*, das aus Manacor stammt. Dieses Märchen von Alcover ist insofern interessant und aufschlussreich, als es genau lokalisiert wird, so dass auch der nicht einheimische Leser und Zuhörer die Handlung in einer vertrauten Umgebung miterleben kann. Die Geschichte vom Meisterdieb spielt nämlich in der Zentralebene und berührt die dortigen Städte und Dörfer mit ihren Pilgersehenswürdigkeiten.

die Gnade des Optimismus hat diese schwergeprüfte Insel nie verlassen ...“

Campanet

Die kleine, lang gestreckte Stadt mit 2562 Einwohnern (Stand 2007) hat als Sehenswürdigkeiten die *Pfarrkirche Sant Miquel* (seit Anfang des 15. Jahrhunderts), die *Einsiedelei Sant Miquel* und die Höhlen *Coves de Campanet*. In der unberührten Landschaft des Tales von *Sant Miquel* sind auch die Quellen *Las Fonts Ufanes* eine interessante Sehenswürdigkeit auf Mallorca.

In der mittelalterlichen Pfarrkirche soll sich im Hochaltar eine Reliquie vom heiligen *Viktorianus* befinden, die der damalige *Kardinal Despuig* im Jahre 1807 aus Rom mitgebracht haben soll.

Oratori de Sant Miquel

Die *Einsiedelei Sant Miquel* befindet sich im Tal gleichen Namens beim **Puig de Sant Miquel** (192 Meter), etwa 2 Kilometer von **Campanet** entfernt. Der kleine Pilgerweg lohnt sich auch wegen der unvergleichlich schönen Landschaft. Bei den nur 300 Meter davon entfernten Höhlen werden in der Cafeteria auch kleine Speisen und Getränke angeboten. Zwischen Campanet und Selva steht ein Monument *al Sagrat Cor de Jesús* (bei der Siedlung *Moscari*) an der Verbindungsstraße. Die Siedlung besaß zudem eine Kirche, die der heiligen Anna geweiht war und schon 1848 die Hilfskirche von **Selva** darstellte.

Selva

Die kleine Gemeinde mit 3313 Einwohnern (Stand 2007) an den Ausläufern des *Tramuntana-Gebirges* ist Ausgangspunkt für Pilgerwanderungen hinauf zum *Kloster Lluc*. Der arabische Ort erhielt nach der Eroberung durch *Jaime I.* auch seine erste Kirche, die gemäß der päpstlichen Bulle dem heiligen *Lorenz* geweiht wurde (1248). Um 1600 wurde die Kirche erweitert und bekam eine stattliche Freitreppe, die als Aufgang mit 42 Stufen einem kleinen Kalvarienberg entspricht. Im Innern der Kirche befinden sich sechs Kapellen.

Zwischen **Selva** und **Mancor de la Val** führt nach ungefähr einem Kilometer eine Abzweigung links zum *Oratori de Christo Rey*.

Mancor de la Vall

Die kleine Gemeinde zählt knapp 1100 Einwohner (Stand 2007). Zu den Sehenswürdigkeiten zählen neben der *Pfarrkirche Sant Joan Baptista de Mancor* (19. Jahrhundert), die *Ermita Santa Lucia,* eine denkmalgeschützte Ölmühle und Herrenhäuser.

Urkundenbücher belegen, dass die *Ermita Santa Lucia* aus dem 13. Jahrhundert stammt. In ihr wurden bis zum Ende des 16. Jahrhunderts an Festtagen Messen gelesen, da in der Umgebung (**Biniamar**) keine andere Kirche vorhanden war.

Montuiri

Die Gemeinde *Montuiri* mit über 2600 Einwohnern (Stand 2007) geht in ihren Gründungen zurück auf die Maurenzeit. Die übriggebliebenen Mühlensteintürme *(Es Molinar)* zeugen von der großen Vergangenheit. Neben der *Pfarr-*

kirche Sant Bartomeu, die im 14. Jahrhundert erbaut wurde, sind die *Ermitas de Sant Miquel* auf dem **Puig de Sant Miquel** (247 Meter hoch) und die *Ermita de Santa Cruz* einen Pilgerweg wert.

Ermita de Sant Miquel

Die im Naturschutzgebiet liegende *Ermita* ist von **Montuiri** aus mit dem Auto gut zu erreichen. Dazu fährt man auf der Straße von **Montuiri** in südlicher Richtung (PM 503) und biegt an der Kreuzung mit der C 715 in östlicher Richtung ab. Nach etwa 800 Meter zweigt bei *Coll de sa Grava* ein Fahrweg zur *Ermita* ab. Neben der Kapelle befindet sich ein gutes Restaurant *Puig de Sant Miquel*.

Ermita de Santa Cruz

Die *Ermita* befindet sich auf dem direkten Weg nach **Porreres** (PM 503) in südlicher Richtung, etwa

Legende der heiligen Lucia

Bis heute wird ein Bildnis der heiligen Lucia verehrt, das der Legende nach in unmittelbarer Nähe der *Ermita* im Jahre 1233 aufgefunden wurde. Die Statue mit den silbrigen Augen ist ein Ausdruck für Gnadenbezeugungen bei Augenkrankheiten.

800 Meter vor dem Ort. Diese kleine Einsiedelei mit ihrer Kapelle geht bis ins 13. Jahrhundert zurück.

Porreres

Die Ortschaft mit 5060 Einwohnern (Stand 2007) liegt inmitten eines fruchtbaren landwirtschaftlich genutzten Getreidegebietes. Der Ort ist bekannt durch seine *Pfarrkirche Nuestra Senora de Consolación,* die schon gegen das ausgehende 13. Jahrhundert geweiht wurde. Am Hauptportal ist eine große Gedenktafel mit dem Porträt des mallorquinischen Pfarrers und späteren Bischofs *Pedro Juan Campins* angebracht. Im Innern sind schöne Ausmalungen und religiöse Skulpturen zu sehen.

Bekannt ist der Ort durch sein *Kloster Montesión,* das auf einer Anhöhe der *Serra de Montission* (251 Meter hoch) liegt. Bereits im

Landhaus Els Calderers mit Kapelle

Der Pilgerreisende sollte unbedingt einen Besuch dem landschaftlich schön eingebetteten Landhaus *Els Calderers* (als *Finca es Calderers* bezeichnet) abstatten. Mit dem Auto von Sant Juan in südlicher Richtung auf einer asphaltierten Straße nach etwa 500 Metern den *Camino de Calderers* benutzen (ausgeschildert). Auf dem Landgut wird die Geschichte nicht nur der Besitzerfamilie *Calderers* (13. Jahrhundert) lebendig, sondern die Lebens- und Arbeitsweise der Bevölkerung in der Ebene in den vergangenen Jahrhunderten. Dazu zählen Gehöfte, Stallungen, Felder und ursprünglich gehaltene Tiere wie das schwarze Schwein (*porc negre*). Auch der eselbetriebene Schöpfbrunnen wird in Funktion gezeigt. Speisen aus der Gesindeküche werden zum Probieren angeboten. Neben einer gepflegten Gartenanlage ist die Kapelle hervorhebenswert, die für die Gottesdienste im Familienkreise benutzt wird. Diese wurde sogar vom Bischof Mallorcas im Jahre 1961 geweiht. Der Altar ist aus Marmor, die Verzierungen sind vergoldet. *Els Calderers* ist ein hervorragendes Freilichtmuseum und Kulturgut der Mallorquiner, das seit der Restaurierung im Jahre 1992 einen enormen Anstieg von in- und ausländischen Touristen zu verzeichnen hat.

14. Jahrhundert wurde hier eine Kapelle errichtet (der Heiligen Mutter vom Berg Zion geweiht) und später durch das Klostergebäude mit einem Kreuzgang erweitert. In der Anfangszeit befand sich hier auch eine Grammatikschule, die inselweit anerkannt war. Der Abschluss berechtigte die damaligen Schüler für das Studium in **Palma**. Heute wird das einstige Jesuitenkloster als Herberge (Übernachtung in Klosterzellen) mit einem Restaurant und zu Veranstaltungen genutzt.

Sant Juan

Die kleine Gemeinde **Sant Juan** (1866 Einwohner, Stand 2007) ist in der Maurenzeit entstanden. Um 1230 entstand hier eine christliche Siedlung, die gegen Ende des Jahrhunderts die *Pfarrkirche San Juan Bautista*, mit päpstlichem Segen erteilt, bekommen hat.

Nur etwa einen Kilometer südlich von Sant Juan entfernt liegt auf einer kleinen Anhöhe (gepflasterter Weg) die *Kirche Santuario de la Consolació*. Sie wurde im 13. Jahrhundert erbaut, später umgebaut und schließlich Anfang der 1960er Jahre restauriert. In der Kirche wird eine Madonnenfigur gehütet, die nach der Legende von einem maurischen Sklaven unter einem brennenden Dornenbusch gefunden wurde, ohne dass sie dabei verbrannte. Daraufhin habe man dann später an der Stelle das Gotteshaus erbaut.

Alaró

Weithin sieht man den Burgberg von **Alaró**. Er ist so markant wie seine Geschichte mit dem Schloss und der *Ermita*. Seit jeher war der *Puig d´Alaró* mit 822 Metern ein Ort der Zuflucht, Ausschau und Verteidigung: Schon von den *Talayots* besiedelt, widerstanden seine Bewohner den arabischen Angriffen im Jahre 1229. Das Schloss von *Hisn Alarun* – so der arabische Name – wurde durch einen historischen Vorfall berühmt.

Einsiedler Mir und die Herberge

Im 17. Jahrhundert erbaute man eine Kapelle im Inneren der Festung zu Ehren der Schutzpatronin *Nuestra Señora del Refugi*. In früherer Zeit war der Burgberg auch Wirkungsstätte von Einsiedlern.

Hier soll auch Juan Mir, der als Reformator des Einsiedlerwesens Mallorcas angesehen wird, im Jahre 1640 bei der Feier zu Ehren der *Nuestra Señora del Refugi* sein Gewand getragen haben. Vier Jahre lang war der Einsiedler *Mir* Präses, ehe er nach Miramar über-

Alarós Kriegshelden: „Zwei Heilige"

König Alfons von Aragonien belagerte das Schloss und erklärte dem mallorquinischen König *Jaime II.* den Krieg. Nach der Überlieferung sahen die Mallorquiner den Aragonien-König als Besatzer an und verteidigten vehement die Burg, die als eine der letzten arabischen Bastionen auf Mallorca anzusehen ist. Zwei der tapfersten Verteidiger, *Guillem Cabrit* und *Guillem Bassa,* wurden grausam bestraft. Sie wurden an zwei eiserne Stangen gebunden und in Gegenwart des ganzen Heeres lebendig verbrannt. Der Grund lag wohl auch im Spott, mit dem beide Männer den Namen des Monarchen bedacht hatten. Schließlich hatten sie Alfons in einem Wortspiel mit dem mallorquinischen Begriff *amfós* bedacht, was soviel wie *Heilbutt* heißt. Seit diesem gewaltsamen Ende werden die beiden Kriegsherren als Märtyrer für die bewiesene Standhaftigkeit und Heilighaltung des von ihnen geleisteten Eides betrachtet. In der mallorquinischen Bevölkerung erhielten die beiden sogar den Status von Heiligen, nämlich *Sant Cabrit* und *Sant Bassa.* Sehr zum Leidwesen des Papstes, der gegen den König von Aragon sehr aufgebracht gewesen sein soll. Der aufgeputschte Zustand legte sich erst wieder, nachdem die Insel in den legitimen Besitz des Herrschers zurückfiel. So wurde die verbrannte Asche von *Cabrit* und *Bassa* in zwei steinernen Urnen in der Domkirche von Alaró beigesetzt. Die Festung Alaró durchlitt viele Veränderungen und Belagerungen. Heute präsentiert sich das Schloss mit einem Mauerwerk, das perfekt in die Felsen integriert ist.

Herbergsdaten

Eigentümer: Alaró und die Diözese Mallorca.
Verwalter: Fundació Castell d'Alaró.
Standort: Alaró, Höhe: 815 m.
Reservierung: Tel.: 971 182 112.
Betten: 16 (30 in Planung).
Services: Unterkunft und Verpflegung; ganzjährig geöffnet.
Unterkunft: 12 Euro pro Person (Stand 2008).
Verpflegung: Information in der Herberge

siedelte. *Juan Mir* hat 48 Jahre in seinem Geburtsort Alaró und später in der *Ermita Trinitat* gelebt, ehe er 64jährig im Jahre 1688 gestorben ist.

Die *Herberge S'Hostatgeria*, die am *Puig d'Alaró* liegt, ist seit dem 17. Jahrhundert eng mit der *Kapelle Mare de Déu del Refugi* verbunden, die diesen Berg zu einer Stätte der Andacht und Wallfahrt machte. Die Restaurierungsarbeiten von *Obra Nova* und *Sa Taverneta* wurden bereits abgeschlossen und jene an *S'Hostatgeria* konnten dank des Übereinkommens zwischen der Stadtverwaltung **Alaró,** der Diözese und des

Consell de Mallorca über die Umwidmung von *S'Hostatgeria* in eine Herberge der Trockenmauerroute begonnen werden.

Ermita de la Mare de Déu del Refugi (beim Castell de Alaro)

Tour in Kürze

Wanderung: Von **Alaró** (Hauptplatz) an der Straße PM 210 in Richtung *Orient* ungefähr 600 Meter laufen. An der T-Gabelung geht es links (Schild *Castell d´Alaró*) ab; man erreicht langsam ansteigend die Herrenhäuser *Son Curt* und *Son Penyaflor*. Kurvenreich führt der Weg in die Höhe bis zum Bauernhof *Es Verger*. Hier sofort auf dem rechts verlaufenden Pfad weiterlaufen. Nach einem kurzen Wegstück durch einen Steineichenwald erreicht man eine Gabelung, an der es rechts weitergeht. Der Aufstieg windet sich am Berg entlang, bis das Restaurant und die Berghütte erreicht sind.

Anforderung und Zeitbedarf: mittelschwere Pilgerwanderung; zweieinhalb Stunden bis zum Gipfel (etwa sieben Kilometer, hin und zurück); Höhenanstieg etwa 650 Meter.

Einkehrmöglichkeiten: Alaró; *Herberge S'Hostatgeria,* Picknickmöglichkeit.

Kartenmaterial: Mallorca Tramuntana Central 1:25 000 von Editorial Alpina.

Anfahrt: Nach Consell (mit dem Zug) und dann mit dem Bus nach Alaró. Mit dem eigenen Auto direkt nach Alaró.

Pilger-Inselflitzer zwischen Mandelplantagen bei Consell

Algaida

Die schon zur Araberzeit entstandene Ortschaft **Algaida,** (4530 Einwohner, Stand 2007) ist geprägt durch die älteste mallorquinische *Glasbläserei Gordiola* und durch die *Pfarrkirche San Pedro y San Pablo* aus dem Anfang des 15. Jahrhunderts. Ihren herausragenden Stellenwert unter den Städten Mallorcas hat **Algaida** wohl aber durch die *Wallfahrtskapelle Mare de Déu de la Pau de Castellitx* und den einzigartigen Tafelberg **Randa** mit gleich drei Heiligtümern erlangt.

Die *Ermita de la Pau* wird in den meisten Beschreibungen als eine der ältesten Ermita-Kirchen (13. Jahrhundert), manchmal sogar

als die älteste der Insel überhaupt, eingestuft. Sie trägt auch den Namen der *Mare de Déu de la Bona Pau.* Interessant ist der architektonische frühgotische Stil mit einem dreigeteilten Kirchenschiff, dessen Deckenbalken von abtrennenden Bögen getragen werden. Nach der Überlieferung fand man in unmittelbarer Nähe der Kapelle eine Statue der Jungfrau, ein Schnitzwerk von 1430.

Pina

Nur etwa sechs Kilometer von Algaida entfernt in nördlicher Richtung an der Straße PM 313 gelegen, ist das in der grünen Ebene liegende Städtchen **Pina** einen Abstecher wert. Dominant ist die schneeweiße Pfarrkirche *Santos Cosme y Damián* mit ihren beiden Türmen aus dem 17 Jahrhundert. Direkt neben der Kirche befindet sich das *Kloster San Francisco* der Kongregation der Barmherzigen Schwestern. Ursprünglich besaß **Pina** um die Mitte des 16. Jahrhunderts eine Kapelle, die den heiligen Ärzten *Cosmas und Damian* geweiht worden war. **Pina** ist auch eng verbunden mit der *Familie Ribas de Pina*, die den Kirchenbau und den Ort maßgeblich gefördert hat. Markant ist auch die Windmühle von **Pina**.

Sencelles

Die Gemeinde in der mallorquinischen Ebene hat heute 2903 Einwohner (Stand 2007). Die Kirche San Pedro ist wie viele andere

Mallorquinische Familiensaga aus Pina

Die bis auf das Jahr 1560 zurückgehende Familiengeschichte hat sich fortgesetzt mit einem Landgut *San Torre,* das sich bei Santa Eugenia befindet. Auf der Homepage www.sa-torre.com beschreibt die Familie die Anfänge: „In dieser Zeit gelangte das Anwesen durch Heirat in den Besitz der *Familie Ribas de Pina.* Diese noble mallorquinische Familie hatte vielfachen Landbesitz überall auf der Insel und bewohnte das Stadtpalais der *Can Ribas de Palma,* in der *Calle Zavellà. D. Gabriel Mariano Ribas de Pina i Gallard del Canyard* war ein sehr frommer Mann und sehr interessiert an kirchlichen Dingen, daher gründete er den Franziskanerorden der Töchter der Barmherzigkeit, denen er Teile seiner Ländereien überließ, um gottgefällige Werke zu verrichten. Im Landgut erinnern ein Raum mit einem kleinen Altar, Kruzifixe und Kreuze auf Dächern und Brunnen an die religiöse Verbundenheit von einst.

Victoriano López-Pinto Ribas de Pina erbte den Besitz des Sa-Torre von seiner Mutter, Doña Celestina Ribas de Pina i Sureda. Mit seiner Frau María Teresa Ivars und seinen Söhnen Pedro und Victoriano, sind sie Gegenwart und Zukunft dieses noblen Anwesens. Sie widmen sich der Landwirtschaft, dem Agrotourismus sowie der Erneuerung und dem Erhalt des Gutshofes, der von der ganzen Familie bewohnt wird."

auf der Insel durch die päpstliche Bulle von 1248 zur Pfarrkirche erhoben worden.

Das Dorf in der Ebene ist durch die Seligsprechung von Schwester *Francinaina Cirer* (1781–1855) durch *Papst Johannes Paul II.* am 1. Oktober 1989 in die jüngere mallorquinische Kirchengeschichte eingegangen. *Francinaina Cirer*, die sich sozial sehr engagiert hatte und im Volksmund *di sa Tia Xiroia* heißt, wird auf der ganzen Insel für die zahlreichen ihr zugeschriebenen Heilungen verehrt. Ein Wandteppich am Eingang zur Kapelle erinnert noch heute an die Seligsprechung: Er wurde nämlich während der Zeremonie im Vatikan aufgehängt. Vor der Kirche befindet sich das Denkmal für die selige *Francinaina*, und im Konvent der *Caritat*, ihrem Stammhaus, wird ihr Grab mit einem Tiefrelief verehrt.

Und wer sich bei der immer größer werdenden babylonischen Sprachverwirrung in Europa auf die geschmeidige und klar strukturierte Brückensprache Esperanto rückbesinnt (das Alte und Neue Testament und Kirchenlieder gibt es u. a. in der Sprache), kann sich über einen mallorquinischen Pionier für den friedlichen Esperanto-Einsatz in der Kirche und der Welt informieren: Im Haus (14. Jahrhundert) am Ortseingang des Dorfes **Binialí** (an der Straße nach **Sencelles**) wohnte *José Maria Jaquotot*, der Gründer der balearischen Esperanto-Vereinigung (1961) bis zu seinem Tode im Jahre 1995.

Llucmajor

Die große Stadt im Südosten der Insel mit 33222 Einwohnern (Stand 2007) hatte schon zu Zeiten der Eroberung durch *Jaime I.* ein kleines Gehöft. Unter *Jaime II.* wurde der Marktflecken zur selbstständigen Gemeinde erhoben. Der Status der *Pfarrkirche San Miquel* wurde durch die päpstliche Bulle im Jahre 1248 bestätigt. In der einschiffigen Kirche befinden sich 19 Heiligen gewidmete Altaraufsätze, die alle sehr eindrucksvoll durch ihre Zierelemente wirken. Interessant ist die Geschichte der Orgel und des Orgelspiels, die sich bis ins Jahr 1414 zurückverfolgen lässt. Bedingt durch mehrere Kirchenumbauten wurde auch die ursprüngliche Orgel vom Kirchenschiff auf die Empore verlegt. Gespielt wird heute auf einer Orgel, die der Schweizer Orgelbauer *Ludwig Scherer* im Jahre 1804 für die *Kirche Santa Eulalia* in **Palma** gebaut hatte. Anfang des 20. Jahrhunderts wurde diese Orgel zusammen mit Teilen der alten Kirchenorgel von **Llucmajor** auf der Empore zusammen aufgebaut. Den dazugehörigen Orgelstuhl entwarf der Priester *Miquel Salvà*. Die barocke Orgel wurde im Jahre 1984 durch den Deutschen *Gerhard Grenzing* restauriert.

Das *Kloster Sant Bonaventura* (Zentrum) datiert mit seinem ersten Antrag auf das Jahr 1576 (Karmeliterinnen). Da sich die Bevölkerung aber für die Franziskaner entschied, ließen diese sich 1608 nieder und verliehen der Stadt als Zentrum des christlichen Glaubens und der Kultur ein wichtiges Ansehen. Unter den berühmten Franziskanern aus **Llucmajor** ist *Pater Boscana* (1775–1831) hervorzuheben, der an der Missionsstation *San Capistrano* in Kalifornien mitwirkte. Gegenwärtig, so ist einer Information des Bürgermeisteramtes zu entnehmen (2008), ist das Kloster von der Gemeinde

zu einem Bürger- und Kulturzentrum umgestaltet worden.

Sehenswert in der heutigen Stadt ist das große Monument für *Jaime III.* und das Denkmal der Schuhmacher, die mit ihrem soliden Handwerk für den wirtschaftlichen Aufschwung der Stadt sorgten.

Beim Rundgang durch das historische Zentrum von **Llucmajor** ist in der Mitte des Platzes *Placa Sant Bonaventura* die Statue *S´Espigolera* (die Statue der Ährenleserin) zu bewundern. Diese ist der aus **Llucmajor** stammenden Dichterin *Maria Antònia Salvà* gewidmet. Geschaffen hat die Bronze-Statue der Bildhauer *Horacio de Eguía*, der sich vom Gedicht *L´Espigolera* der Dichterin hat inspirieren lassen. *Salva* hat diese Szene häufig beobachten können, da früher die Mädchen hinter den Erntearbeitern herliefen und die wenigen Ähren aufsammelten, die auf Wege und Straßen fielen.

Randa: drei Klöster auf einem Tafelberg

Das Dörfchen **Randa** mit etwa 100 Einwohnern am gleichnamigen Berg gelegen, geht auf die arabische Zeit zurück. Heute ist es Ausgangspunkt für die Touren auf den heiligen Berg.

Wer sich Randa nähert, dem fällt der **Tafelberg** mit seiner plateauförmigen Oberfläche auf. Sicher kann der Berg mit überwiegend horizontaler Gesteinsschichtung nicht mit dem Tafelberg, etwa dem südafrikanischen bei Kapstadt (1088 Meter hoch), mithalten. Aber der Tafelberg bei **Randa** ist in vielerlei Hinsicht weltweit einzigartig:

- Es ist der einzige Tafelberg auf einer Insel, auf dem sich zugleich drei christliche Heiligtümer befinden.
- Es ist die Wirkungsstätte von Ramon Llull, dem Universalgelehrten des Mittelalters und
- Ausgangspunkt des mallorquinischen Jakobsweges.
- Die drei Klöster in verschiedenen Höhen heißen
- *Santuari Mare de Déu de Gràcia* (unterer Klosterkomplex, auf 400 Meter Höhe)
- *Santuari de Sant Honorat* (Mitte, auf 450 Meter Höhe) und
- *Santuari de Cura* (Spitze des Berges, auf 548 Meter Höhe).

Allen drei Heiligtümern gemeinsam sind die einmalige Aussicht und die Stimmungen, die der Berg im Laufe des Tages mit dem Lauf der Sonne auf die Ebene und Küste bietet. Die **Santuaris** sind nach dem Bergheiligtum von **Lluc** der zweitwichtigste Wallfahrtsort der Insel.

Santuari Mare de Déu de Gràcia

Der unterste Klosterkomplex ist eine wahre Meisterleistung baulicher Kunst. Wie ein Schwalbennest scheint das Kloster in der überhängenden Felswand angeklebt zu sein. Das Kloster samt Kirche stammt aus der ersten Hälfte des 15. Jahrhunderts. In der kleinen Kirche ist eine Marienfigur aus dem 15. Jahrhundert sehenswert, die der mallorquinische Bildhauer *Gabriel Mòger* geschaffen hat. Anfang des 20. Jahrhunderts fanden weitere Umbauten statt, die unter Mit-

wirkung von *Antoni Gaudi* durch-
geführt wurden.

Santuari de Sant Honorat

Dieses Kloster geht zurück auf
eine *Ermita*, die 30 Jahre lang
vom Eremiten *Arnau Desbrull*
gegen Ende des 14. Jahrhunderts
bewohnt wurde. Später errichteten Mönche eine Gebetsstätte, die
dem heiligen *Honoratus* geweiht
wurde. Im Jahre 1890 wurde von
einigen Brüdern der *Missioneros
de los Sagrados Coracones* das
Heiligtum gegründet. Noch heute
wird das Kloster von einigen wenigen pensionierten Ordensbrüdern bewohnt. Für Pilger, die in
dieser einzigartigen Höhe übernachten wollen, steht dafür eine
Herberge zur Verfügung.

Santuari de Cura

Vieles ist bisher über das oberste
der drei Heiligtümer geschrieben
und interpretiert worden, doch
von der Quellenlage her sind die
historischen Fakten des Klosters
Cura am authentischsten. Danach
sind zwei Fakten für die Ansiedlung bedeutsam gewesen: der Ort
selbst und der spirituelle Geist,
der durch *Llullus* geweckt wurde.

Die heutigen Verwalter beziehen
sich auf das Buch *Vita Coetanea*.
Danach habe sich „Ramon Llull
etwa 10 Jahre nach seiner Bekehrung auf einen Berg" zurückge-
zogen, nachdem er dort einmal
acht Tage verbracht und seine berühmte Erleuchtung bekommen
habe. Nachdem er sein Buch *Vita
Coetanea im Kloster de la Real*
(Palma) fertig gestellt habe, sei er
auf den Berg zurückgekehrt, wo
er sich ein Einsiedlerhaus bauen
ließ, in dem er vier Monate wohnte. Nach der Bestätigung von *Luis
de Prades* (Bischof von Mallorca)
im Jahre 1394 sollen zu dieser Zeit
schon seit über 30 Jahren einige
Einsiedler gelebt haben. Noch
heute kann man auf dem Berg
schmale, lange Löcher als eine Art
Einsiedler-Höhlen feststellen.

Der Aufbau einer Grammatikschule (entspricht in etwa einem
Gymnasium) war so erfolgreich,
dass gegen Ende des 16. Jahrhunderts schon etwa 160 Schüler auf
dem Berg ihre Bildung erwarben.
Allerdings musste die Schule 1826
ihre Existenz aufgeben, und Mitte des 19. Jahrhunderts war der
Bildungsort verwahrlost. Anfang
des 20. Jahrhunderts wurde den

Franziskanern durch die Diöze-se erlaubt, den Wallfahrtsort zu benutzen. Vo da an zogen immer wieder einige Brüder nach **Cura**. Heute leben hier die *Brüder des Regulierten Dritten Ordens (auch Bußorden genannt) von San Francisco de Asis* in **Cura** oder auf mallorquinisch: *Els Franciscans*. Die Mitbrüder sind noch in **San Francisco de Palma, La Porciúncula, Inca, Llucmajor** und **Artá** anzutreffen. Neben dem Kloster auf 548 Metern Höhe gibt es in **Cura** noch ein Gästehaus, in dem Menschen eine gewisse Zeit verbringen kön-nen (Klosterurlaub). Das *Kloster Cura* besteht aus einem Innenhof, Klostergarten (Statue des heiligen Franziskus), Museum und Kapel-le. Die Rundbögen im Innenhof wurden in den 30er Jahren des letzten Jahrhunderts erbaut, um die Pilger und Besucher vor den manchmal heftigen Nordwinden zu schützen, die hier über den Berg brausen.

Die Kapelle datiert aus dem Jahr 1662, worauf sie verschiedene Ausbaustufen durchlief, was an den Inschriften abzulesen ist. In-teressant ist die Krippe, die wie andernorts auf der Insel der fran-ziskanischen Tradition entspricht und das ganze Jahr über aufge-baut ist. In einer Nische befindet sich eine kleine Statue der Jung-frau, die um 1510 aus dem Stein aus **Santany** gearbeitet wurde.

Heute wird auf **Cura** gemeinsam mit einer Familie und Mönchen ein Hotel betrieben, das Gäste aus aller Welt aufnimmt. Die Zimmer haben alle modernen Standard. Ein Mitbringsel aus dem Souve-nirshop ist sicher der Randa-Likör, der nach einem Geheimrezept hergestellt wird.

Tour in Kürze

Wanderung: Die Wanderung be-ginnt auf der PM-501 bei Kilome-ter drei in Richtung **Llucmajor**, wo rechts ein Feldweg nach Osten ab-zweigt (Parkmöglichkeit). Es geht serpentinenartig auf dem *Cami Vell de Gràcia* durch den Wald bergan, bis man auf das unters-te Heiligtum *Santuari de Gràcia* stößt. Leider ist der weitere Auf-stieg zu den beiden oberen Hei-ligtümern fast ausschließlich auf der Bergstraße (viele Radfahrer) zu bewältigen.

Anforderung und Zeitbedarf: Leichte Wanderung auf asphaltierten Feldwegen; etwa vier Stunden (sieben Kilometer, hin und zurück); Höhenanstieg etwa 250 Meter.

Einkehrmöglichkeiten: Restaurant bei de Cura; Picknickplatz bei Gràcia.

Kartenmaterial: Topografische Karte 1:50 000, Blatt Porreres.

Anfahrt: Mann kann mit dem Auto auf der Straße PM-501 von Llucmajor in Richtung Algaida fahren und bei Kilometer 3 parken (Feldweg). Der Pilger kann aber auch vom Dorf Randa bis zum Puig de Randa hinauffahren und an den jeweiligen Heiligtümern parken.

Mallorquinischer St. Jakobsweg

Santiago de Compostela ist seit dem Mittelalter das Ziel von Wallfahrern aus ganz Europa. Auf alten Karten sind die *Caminos de Europa* mit ihren vielen Netzwerkverbindungen zu sehen. Darauf auch die Möglichkeit – durch große Schiffe symbolisiert –, über das Meer an entsprechende Punkte in Spanien anzulanden. So ist denn auch eine Verbindung von Mallorca nach Barcelona ganz klar auszumachen. Es darf angenommen werden, dass schon damals einige mallorquinische Pilger den Weg zum Apostelgrab über das Mittelmeer als Anfahrtsweg genutzt haben.

Seit 2007 ist es auch von Mallorca aus möglich, mit der Ausstellung eines offiziellen Pilgerpasses *(Credencial del Peregrino)* von Palma aus den Jakobsweg zu beginnen. Dazu muss der Pilger im bischöflichen Ordinariat den Pass beantragen. Vom Flughafen **Sant Joan** geht es von **Palma** nach **Pamplona**.

TIPP Der Aufstieg zu Fuß ist unbedingt frühmorgens um neun Uhr empfehlenswert, da die Wallfahrtsstätte auch von vielen Busunternehmen angesteuert wird. Gegen 11 Uhr sind meist schon alle Parkplätze belegt, und das Laufen zu Fuß ist bei den vielen Abgasen keine Freude.

Mallorquinische Ökumene für den Jakobsweg

Ehrenamtlich arbeitet die Deutsche Maria Bischet seit etlichen Jahren in Sant Honorat, übersetzt Messen für den Orden der *Missionare vom heiligen Herzen Jesu,* betreut Besucher, organisiert Seminare und verkauft Rosenkränze. Bischet: „Mein spiritueller Weg begann etwa vor sechs Jahren, als ich nach meinem Ausstieg bei Siemens (Anmerkung: Internationale Personalreferentin) eine Ausbildung zum psychologischen Berater begann. Ich war allerdings mehr auf der Advaita-Vedanta Linie unterwegs und interessierte mich auch für den Buddhismus."

Im Frühjahr 2006 habe sie erstmals an der Pforte von Sant Honorat geklingelt, weil sie einen Seminarraum suchte. – „Und dann stand Pater Daniel vor mir. Er führte mich durch den Garten und die Räumlichkeiten. Seine spirituelle Ausstrahlung und die Besonderheit des Ortes schlugen mich sofort in den Bann", erzählt Maria Bischet.

Zur Seite standen ihr damals die Laien-Mitglieder *Lluis Bordas* und seine Frau *Asumpta* (beides Spanier), die vor einigen Jahren nach *Sant Honorat* gekommen waren mit der Idee, in einer religiösen Gemeinschaft zu leben und zu arbeiten. „Lluis und Asumpta waren bereits den Jakobsweg gegangen und hatten außerdem zwei Jahre lang eine Pilgerherberge bewirtschaftet. So konnten sie quasi als Außenstelle des Pilgerbüros von Palma den Pilgerpass in Sant Honorat ausstellen", erklärt Bischet.

Und die Ökumene? „Wir sind befreundet mit dem deutschen evangelischen Insel-Pfarrer *Klaus-Peter Weinhold* und seiner Frau *Brigitte*. Sie erzählte mir von ihrem Plan, den Jakobsweg zu gehen. Nachdem ich auch bereits über dieses Thema nachdachte, erzählte ich ihr davon, wie ich den Weg beginnen würde. Nämlich mit einer Aussendungsmesse in Sant Honorat. So standen im Frühjahr 2007 als erste evangelische Pilger *Peter* und *Brigitte Weinhold* gemeinsam mit *Pater Daniel* und *Maria Bischet* um den Altar und sandten gemeinsam *Brigitte* aus. Zum Abschied bekam sie noch einen Rosenkranz, gefertigt aus Samenperlen, die in Sant Honorat wachsen.

Pilger-Informationen kompakt

Auswahl der Routen

Die dargestellten Pilgerrouten sind bezüglich ihrer Länge und ihrem Schwierigkeitsgrad so gewählt, dass sie bei guter Kondition sowohl alleine als auch in der Gruppe gegangen werden können. Bei der Auswahl der Routen wurde darauf geachtet, dass Touren mit Kletterpartien vermieden werden.

Ausrüstung

- Wetterfeste, atmungsaktive Kleidung;
- Rucksack mit kleiner Notfallapotheke, Pflaster;
- Ausreichende Flüssigkeit für jeden Pilger;
- Sonnenschutzmittel;
- Handy;
- Fahrplan (Zug und Bus);
- Schuhe und Stöcke.

Für die Pilgertouren im Sommer empfiehlt es sich, Wanderschuhe aus reinem Leder zu tragen. Gute Marken sind: Aku, Bestard, Hanwag, Lowa und Meindl.

Für die neuesten Informationen empfiehlt es sich, die Internet-Seite www.mallorca-camins.info aufzurufen.

Dialyse-Patienten und Rollstuhlfahrer

Seit vielen Jahren gibt es auf Mallorca Dialysezentren. So etwa in Palma, Inca, Manacor und Alcudia. Für das Pilgerwandern ist die Teilnahme kein Problem, da die beschriebenen Routen als leichte Halb- und Tagestouren ausgewählt wurden.

- Feriendialyse Son Sana in Portals Nous
- Feriendialyse Nefdial in Palma
- Feriendialyse Dr. Berger in Manacor
  Internet-Adresse:
  www.dialyse-holidays.de.

Rollstuhl-Pilgern

Für den barrierefreien Urlaub und das Pilgern per Rollstuhl hat sich auf Mallorca in den letzten Jahren einiges getan.

Informationen und nützliche Adressen unter:

www.mallorca-rollstuhl.de und www.infomallorca.net

Mallorquinische Feste der Schutzpatrone und Heiligen im Jahreskreis

Nach wie vor pflegen die Menschen in Städten und Dörfern die Traditionen und das Brauchtum (Auszüge).

Januar

5.: Dreikönigs-Umzüge in Palma und in allen Ortschaften der Insel.

16.: Patronatfest Sant Honorat.

17.: Patronatsfest von Sant Antoni. Palma, Muro, Manacor, Sa Pobla, Petra. In Pollenca findet das berühmte „Festa del Pi" statt.

März/April

An der Gründonnerstagsprozession in Palma nehmen alle Laienbruderschaften der Insel teil. In Pollenca findet unter dem Namen Devallament (Kreuzabnahme Christi) die bekannte Karfreitagsprozession statt.

Die Osterfeierlichkeiten enden am Sonntag nach Ostern mit dem Sonntag des Engels.

29. April: Patronatsfest Santa Magdalena in Inca.

Mai

15.: Patronatsfest Sant Isidre in S'Horta.

Juni

24.: Patronatsfest Sant Joan Pelós in Felanitx.

29.: Patronatsfest des Heiligen Petrus (Sant Pere).

30.: Patronatsfest von Sant Marcel in Marratxi.

Juli

15./16.: Patronatsfest der Virgen del Carmen in Santanyi, Portocolom, Porto Christo, Cala Ratjada, Port de Pollenca und anderen Küstenorten.

20.: Patronatsfest von Santa Margarita in Felanitx.

27.: Patronatsfest Santa Catalina Tomás in Valldemossa mit Prozession.

August

1./2.: Patronatsfest zu Ehren der Heiligen Jungfrau Nuestra Senora de los Ángeles in Pollenca.

10.: Patronatsfest Santa Càndida in Llucmajor.

15.: Mariä Himmelfahrt; Patronatsfeste in Caimari, Campos, Esporles, es Molinar (Palma) und Sineu.

September

2.: Prozession zu Ehren von Santa Catalina Tomás in Santa Margalida.

7.: Patronatsfest der Heiligen Muttergottes (la Mare de Déu de Setembre) in Fortnalutx.

12.: La Diada; Fest im Kloster Lluc.

29.: Patronatsfest von Sant Miquel in Calonge, Campanet und Campos.

Oktober

21.: Patronatsfest Santa Úrsula und die 11 000 Jungfrauen.

November

1.: Allerheiligen.

22.: Santa Cecilia.

Dezember

24.: Weihnachten.

31.: Fahnenfest; Palma gedenkt der christlichen Eroberung durch den König Jaime II. im Jahre 1229.